# essentials

*essentials* liefern aktuelles Wissen in konzentrierter Form. Die Essenz dessen, worauf es als „State-of-the-Art" in der gegenwärtigen Fachdiskussion oder in der Praxis ankommt. *essentials* informieren schnell, unkompliziert und verständlich

- als Einführung in ein aktuelles Thema aus Ihrem Fachgebiet
- als Einstieg in ein für Sie noch unbekanntes Themenfeld
- als Einblick, um zum Thema mitreden zu können

Die Bücher in elektronischer und gedruckter Form bringen das Expertenwissen von Springer-Fachautoren kompakt zur Darstellung. Sie sind besonders für die Nutzung als eBook auf Tablet-PCs, eBook-Readern und Smartphones geeignet. *essentials:* Wissensbausteine aus den Wirtschafts-, Sozial- und Geisteswissenschaften, aus Technik und Naturwissenschaften sowie aus Medizin, Psychologie und Gesundheitsberufen. Von renommierten Autoren aller Springer-Verlagsmarken.

Weitere Bände in der Reihe http://www.springer.com/series/13088

# Gerda Bohmann · Heinz-Jürgen Niedenzu

# Historisch-Genetische Theorie

 Springer VS

Gerda Bohmann
Institut für Soziologie und
Empirische Sozialforschung
Wirtschaftsuniversität Wien
Wien, Österreich

Heinz-Jürgen Niedenzu
Institut für Soziologie
Universität Innsbruck
Innsbruck, Österreich

ISSN 2197-6708       ISSN 2197-6716   (electronic)
essentials
ISBN 978-3-658-31494-1       ISBN 978-3-658-31495-8    (eBook)
https://doi.org/10.1007/978-3-658-31495-8

Die Deutsche Nationalbibliothek verzeichnet diese Publikation in der Deutschen Nationalbibliografie; detaillierte bibliografische Daten sind im Internet über http://dnb.d-nb.de abrufbar.



Planung/Lektorat: Cori Antonia Mackrodt
Springer VS ist ein Imprint der eingetragenen Gesellschaft Springer Fachmedien Wiesbaden GmbH und ist ein Teil von Springer Nature.
Die Anschrift der Gesellschaft ist: Abraham-Lincoln-Str. 46, 65189 Wiesbaden, Germany

# Was Sie in diesem *essential* finden können

- Eine Einführung in die historisch-genetische Theorie und einen tieferen Einblick in deren Systematik
- Einen Wegweiser durch die Gesammelten Schriften von Günter Dux
- Einen methodologischen und theoretischen Leitfaden für deren Lektüre
- Eine systematische Rekonstruktion der historisch-genetischen Theorie

# Inhaltsverzeichnis

# Warum „historisch-genetische Theorie"? 1

Die vorangestellte Frage verlangt nach einer doppelten Antwort: die eine ist die nach dem Begriff als solchem, dessen Begründung und den epistemologischen Grundlagen der Theorie, um die es hier geht. Sie wird unter Abschn. 1.1 beantwortet. Die andere ist jene darauf, warum Soziologinnen und Soziologen, aber generell auch Sozialwissenschaftler/innen sich mit ihr beschäftigen sollten. Sie soll an den Beginn gestellt werden.

Günter Dux hat bereits in seiner Habilitationsschrift, die 1976 als „Strukturwandel der Legitimation" (GS 7) publiziert worden ist, die ersten Grundlagen für sie gelegt, indem er sich auf die Suche nach den Begründungsstrukturen philosophischer und soziologischer Theorien des Rechts begeben hatte. 1982 ist dann sein wegweisendes Buch zur „Logik der Weltbilder" (GS 3) erschienen, in dem in nuce bereits (fast) Alles enthalten ist, was die weitere Theorieentwicklung bestimmen sollte. In der Folge hat er diese in einer Vielzahl an Büchern und Aufsätzen ausgearbeitet und auf grundlegende Kategorien soziologischer Theoriebildung angewendet, wobei auch die historisch-genetische Theorie weiterentwickelt, vertieft, verfeinert sowie da und dort auch modifiziert worden ist. Im Vergleich zu anderen gesellschaftstheoretischen Konzeptionen mit universalistischem Anspruch ist sie dessen ungeachtet nicht in der gebotenen Gründlichkeit vom soziologisch-sozialwissenschaftlichen Fachpublikum rezipiert worden.

Dieses kleine Büchlein soll hier Abhilfe schaffen. Indem wir Günter Dux' prozessualer Logik in der Rekonstruktion der Anfänge gesellschaftlicher Organisation folgen, soll ein tieferes Verständnis dafür gewonnen werden, wie man den Fallstricken metaphysischer Begründungen „gesellschaftlicher Tatsachen" und gesellschaftlicher Entwicklungsprozesse entkommen kann. Dabei erfährt auch das in neueren Gesellschaftstheorien viel bemühte Phänomen der Emergenz gesellschaftlicher Entwicklungen eine angemessenere Interpretation.

© Der/die Herausgeber bzw. der/die Autor(en), exklusiv lizenziert durch 1
Springer Fachmedien Wiesbaden GmbH, ein Teil von Springer Nature 2020
G. Bohmann und H.-J. Niedenzu, *Historisch-Genetische Theorie*, essentials,
https://doi.org/10.1007/978-3-658-31495-8_1

Es ist ein Denken in nicht-deterministischen Termini systemischer Zusammenhänge, ohne dabei die handelnden Akteure aus dem Blick zu verlieren. Die Auseinandersetzung mit der historisch-genetischen Theorie erlaubt es, den Konstruktcharakter sozialer, kultureller und kognitiver Phänomene zu verstehen, ohne dabei die Hartnäckigkeit und Widerständigkeit der gesellschaftlichen Strukturen zu übersehen. Sachlich geht es mithin um das Erkenntnisprojekt der Soziologie schlechthin, wobei der Zugang von Günter Dux dezidiert erkenntniskritisch ist.

## 1.1    Begriff, Begründung und epistemologische Grundlagen

Bereits im Begriff „historisch-genetisch" sind die zentralen Grundlagen des Theorieprojekts bereits enthalten. Historisch angelegt ist die Theorie, weil eine auf das Ganze der gesellschaftlichen Entwicklungen abzielende Gesellschaftstheorie notwendigerweise eine Theorie sozialen Wandels inkludiert. Diese kann aber, sofern sie eben soziologisch konzipiert ist, nicht historiographisch angelegt sein, sondern muss in striktem Sinne rekonstruktiv ansetzen. Dies verweist methodologisch auf eine historische Rekonstruktion aus den Anfängen der gesellschaftlichen Entwicklung heraus. Deren Bedingungen sind zuallererst auszuloten, und zwar auf dem rezenten Stand der natur- wie kulturwissenschaftlichen Erkenntnisse und Befunde. Das betrifft die genetische Dimension, d. h. die anfänglichen Bedingungen und die sich aus diesen in einer sequenziellen Entwicklung aufbauenden Strukturen. Im Vordergrund stehen für Dux dabei die Strukturen der kognitiven Entwicklungen – anders gesagt: des Wissens –, die von jedem Einzelnen erst ausgebildet werden müssen, um in einer für diesen „immer schon" vorgefundenen (natürlichen wie sozialen) Umwelt leben und etwas über diese erfahren zu können. Insofern gibt es für die historisch-genetische Theorie einen methodologischen Primat der ontogenetischen (d. h. Individual-) Entwicklung. Es ist diese, die den rekonstruktiven Zugang erst ermöglicht. Diese Dimension der Theorie verweist zugleich auf die genetische Epistemologie Jean Piagets, die von großer Bedeutung für das Duxsche Theorieprojekt ist, wenngleich er diese seinerseits der Erkenntniskritik unterwirft.

Historisch-genetisch steht also für eine systematische Rekonstruktion sozialer wie kognitiver Strukturen aus deren anfänglichen Bedingungen, die ihrerseits aber keinerlei Determinismen in sich bergen; sie entwickeln sich wohl sequenziell, bringen aber auch neue Strukturen hervor. Es ist dies, was Dux unter „prozessualer Logik" versteht: „Wir denken aus der Geschichte heraus vor die Geschichte zurück, um aus den Bedingungen, unter denen sich die soziokulturellen Lebensformen haben bilden können, die pristine Organisation allererst entstehen zu lassen. Hernach setzen wir die Rekonstruktion über die Bedingungen fort, bis wir uns selbst einholen" (Dux 1998, S. 56).

In „Die Logik der Weltbilder" (GS 3) wie auch andernorts verwendet Günter Dux häufig den Begriff „konstruktiver Realismus" bzw. mitunter auch „realistischer Konstruktivismus", um seine Erkenntnisstrategie zu bezeichnen. Konstruktiver Realismus bezeichnet zum einen den Formprozess der Kognition aus der anthropologischen Ausgangslage heraus, zum anderen handelt es sich um eine erkenntnistheoretische Strategie: die Rekonstruktion des Erkenntnisvermögens aus den Bedingungen des Konstruktionsprozesses selber. In diesem Sinne sind kognitive Schemata, die von jedem einzelnen nachwachsenden Gattungs- bzw. Gesellschaftsmitglied ausgebildet werden müssen, „realistisch", insofern sie über elementare senso-motorische Erfahrungen sachangemessen aufgebaut werden, und sie sind „konstruktiv", da sie nicht a priori verfügbar sind und in ihrem Aufbauprozess „die Welt" im naturalen, sozialen und personalen Sinne erst strukturieren.

Die Bedingungen der Möglichkeit des Verstehens sind auf Basis dieser Erkenntnisperspektive, die von einigen anthropologischen Universalien in der ontogenetischen Kognitionsentwicklung ausgeht und die mit der Realitätshaltigkeit der kognitiven Konstrukte rechnet, gegeben. Wie Günter Dux (2014, S. 19) mehrfach betont hat, besteht „die erkenntniskritische Aufgabe (…) seit Beginn der Neuzeit darin, die humanen Lebensform zwar der Natur zu integrieren, aber ohne die Geistigkeit der menschlichen Lebensführung in der Natur selbst verorten zu können".

Epistemologisch betrachtet ist die historisch-genetische Theorie mithin eine materialistische Theorie, insofern sie am „Vorrang der Welt" und der „Konvergenz der Welt auf den Menschen" ansetzt. Sie ist eine naturalistische Theorie, da sie die Genese der humanen Lebensform aus der naturgeschichtlichen Evolution heraus rekonstruiert, ohne diese aber für deren Spezifika (Handeln, Denken, Sprechen als kulturelle Äußerungsform) als ursächlich oder gar determinierend anzusetzen. Schließlich ist sie eine konstruktivistische Theorie, weil sie wie bereits Jean Piaget dem Konstruktionsprozess der Kognition einen zentralen Stellenwert einräumt und den Konstruktcharakter der Wissensformen betont.

## 1.2  Die Anfänge der Theorie: historisch-biographisch und theorie-rekonstruktiv

Die Notwendigkeit einer rekonstruktiv und prozessual verfahrenden historisch-genetischen Methodologie wurde von Günter Dux bereits in „Anthropologie und Soziologie" (1972) benannt; in ihrer Systematik und erkenntniskritischen Anlage zeichnet diese sich mit „Ursprung, Funktion und Gehalt der Religion" (1973) deutlich ab. Die Kritik der Religion steht nicht zufällig am Anfang. Sie ist, im Verständnis von Günter Dux, auf die Tiefenstruktur der Wirklichkeitsauffassung gerichtet und findet ihren Halt in der Anthropologie. Mit der Religion ist auch die später konsequent durchgehaltene soziologische Erkenntniskritik verbunden, in der diese immer wieder zum Thema wird. Sieht man auf das gesamte bisherige Werk von Günter Dux, so lässt es sich als kontinuierliche Ausarbeitung zweier grundlegender Fragestellungen begreifen. Auf der Ebene der Konstitutionstheorie des Sozialen wird, immer auch empirisch abgesichert, die prozessuale Genese der sinnhaft-intentionalen, soziokulturellen Lebensweise („Kultur") aus einer gattungsgeschichtlich sinnfreien Ausgangslage („Natur") rekonstruiert. Was als Propädeutik mit einer kritischen Würdigung der Philosophischen Anthropologie Helmuth Plessners begann, hat Dux später zu einer kognitiven, anthropologisch fundierten Wissenssoziologe als Kern einer Gesellschaftstheorie entwickelt. Er knüpft dafür eng an Jean Piagets genetische Epistemologie an, indem er wie dieser systematisch an der ontogenetischen Entwicklung der empirischen Subjekte aus einer kulturellen Nulllage ansetzt, sie aber um die sozialen Bedingungen der Kognitionsgenese erweitert.

Darauf aufbauend hat Günter Dux sich auf die Ausarbeitung einer soziologischen Theorie der Geschichte und des sozialen Wandels konzentriert, mit der die historische Entwicklung von den pristinen bis hin zu den gegenwärtigen gesellschaftlichen Organisationsformen rekonstruiert werden soll. Der Wandlungsprozess folgt dabei einer nicht-teleologischen Logik, die ihre Begründung nur im jeweils emergenten Ineinandergreifen von sozialstrukturellen Veränderungen und der Aus- und Fortbildung der sinnhaften Strukturen des Wissens findet. Dementsprechend formuliert Dux (GS 2, S. 14): „Ich verbinde die Strategie, die Konstruktivität des menschlichen Geistes über seinen Bildungsprozess einsichtig zu machen und dabei die konstruktiven Formen, in denen wir Gesellschaften und Kulturen in der Geschichte vorfinden, transparent werden zu lassen, mit dem Begriff einer historisch-genetischen Theorie" (vgl. auch: Bohmann und Niedenzu 2013).

Zweifelsohne ist die „Logik der Weltbilder. Sinnstrukturen im Wandel der Geschichte" (GS 3) einer der ersten großen Meilensteine für die weitere Theorieentwicklung, weil bereits in diesem Buch die Grundstruktur der historisch-genetischen Theorie sichtbar wird und die zentralen Fragen – das Natur-Kultur-Übergangsfeld, die Rekonstruktion der kategorialen Formen der Kognition aus der Ontogenese, die Erkenntnisstrategie des konstruktiven Realismus, behandelt werden. Mehr oder minder unmittelbar schließen Dux' theoretische und empirisch-kulturvergleichende Studien zum Zeitverständnis daran an, insofern sich auch dieses als historisches Konstrukt erst im prozessualen und rekonstruktiven Zugang erschließt. Die „Zeit in der Geschichte. Ihre Entwicklungslogik vom Mythos zur Weltzeit" (GS 4) und der mit Ulrich Wenzel herausgegebene Sammelband „Der Prozeß der Geistesgeschichte. Studien zur ontogenetischen und historischen Entwicklung des Geistes" (1994) sind das Ergebnis dieser Forschungsphase.

Auch der Genese und den Ausdrucksformen von Macht hatte Dux sich schon früher unter dem Titel „Die Spur der Macht im Verhältnis der Geschlechter. Über den Ursprung der Ungleichheit zwischen Mann und Frau" (GS 10) gewidmet, um später in den beiden aufeinander verweisenden Bänden „Warum denn Gerechtigkeit – Die Logik des Kapitals. Die Politik im Widerstreit mit der Politik" (GS 12) und „Von allem Anfang an: Macht, nicht Gerechtigkeit" (2009, teilweise in GS 13 enthalten) deren gleichsam omnipräsenten und für die sozialen Beziehungen und Strukturen konstitutiven Charakter herauszustreichen. „Die Logik des Kapitals" ist eines der späteren Werke, in denen Dux sich explizit Gegenwartsproblemen moderner Gesellschaft gewidmet hat – notabene den Konsequenzen der kapitalistischen Logik für die Subjekte in der Marktgesellschaft und deshalb auch der Genese der Vorstellung von sozialer Gerechtigkeit (vgl. Bohmann und Niedenzu 2012).

Als weiterer wichtiger Meilenstein in der Theorieentwicklung ist die „Historisch-genetische Theorie der Kultur" (GS 2) zu nennen; und zwar einerseits aufgrund der Reichweite der Thematik, andererseits aber auch, weil Dux hier einige wichtige theoretische Modifikationen vorgenommen hat (eine explizite systemische Perspektive, das Theorem funktionaler Differenzierung inkludierend sowie auch Modifikationen der Operationen-Kategorien-Begrifflichkeit). Es ist dies das einzige Buch, welches ins Englische übersetzt worden ist (Dux 2011). „Demokratie als Lebensform. Die Welt nach der Krise des Kapitalismus" (GS 11) knüpft insbesondere an Dux' Arbeiten zu Macht, zur Logik des Kapitalismus und zu sozialer Gerechtigkeit an, rekonstruiert die Genese der historischen Formen von Demokratie und ist zugleich auf den Gegenwartskonflikt der Krise der Demokratie in der Marktgesellschaft bezogen.

Als letzte Meilensteine sind das Evolutionsbuch, dem auch ein Symposium in der Soziologischen Revue (Bohmann und Niedenzu 2019) gewidmet worden ist, sowie die zuletzt erschienene „Historisch-genetische Theorie der Gesellschaft" (GS 13), in der Günter Dux die historische Aufeinanderfolge der gesellschaftlichen Organisationsformen als „Epochen der Säkularisierung" bestimmt und in die er auch zentrale Texte seiner Macht- und Gerechtigkeitstheorie aufgenommen hat, anzuführen.

# Grundgerüst der Theorie, zentrale Elemente und Theorieentwicklung

**2**

## 2.1 Die Anfänger in der Rekonstruktion: deren systematischer Stellenwert

Die Anfänge der sozialen sowie der kognitiven Entwicklung sind in den anthropologischen Ausgangsbedingungen und deren sozialen Rahmung zu suchen, sodass hinsichtlich der Ausgangspunkte der Theorie durchaus von einer „soziologischen Anthropologie" gesprochen werden kann. Für deren Charakterisierung wird im Folgenden mit der Terminologie der 1980er Jahre begonnen, um auch die Theorieentwicklung mitnachvollziehen zu können.

Der Mensch ist, naturgeschichtlich gesehen, das erste Lebewesen, das nicht genetisch auf den organismuserhaltenden Austausch mit der ihn umgebenden Welt festgelegt ist. Vielmehr ging mit dem Aufkommen von Lernen als neuem anthropologischen Organisationsprinzip ein irreversibler Abbau der organischen Verhaltensregulierung einher. Es wird damit, wie bereits von Piaget (1974, S. 242) hervorgehoben, ein „Niveauunterschied" etabliert, in dem die Veränderung der Organisationsform lebender Organismen zum Ausdruck kommt. Die radikale „Öffnung" des organismischen Systems schließt eine „Erweiterung" der relevanten Umwelt ein, die ihrerseits wieder erhöhte Anforderungen an die Organisationsstruktur selbst stellt: Flexibilität im interaktiven Austausch bei erforderlicher operationaler Schließung des Systems (vgl. insbes. GS 3). Damit wird eine Autonomie in der Verhaltenssteuerung erzielt, die jene der zuvor ausgebildeten Formen übersteigt. Diese „Weltoffenheit" des Menschen, wie Arnold Gehlen sie bezeichnet hatte, bedeutet aber zugleich das vermehrte Angewiesensein auf andere (vgl. bereits Berger und Luckmann 1969). Humane Sozietäten bilden deshalb zunächst einen geschützten Binnenraum und den Rahmen, der für


G. Bohmann und H.-J. Niedenzu, *Historisch-Genetische Theorie*, essentials, https://doi.org/10.1007/978-3-658-31495-8_2

die Lernleistungen und die auszubildenden Verhaltens- und Wissensformen selbst konstitutiv wird.

Die Situation, in der sich Neugeborene befinden, wird von Dux, in Anknüpfung an die Philosophische Anthropologie Helmuth Plessners als „kulturelle Nulllage" bezeichnet. D. h.: der anthropologische Organisationsplan hält einen biologisch leistungsfähigen Organismus mit einem Sensorium und einer Motorik sowie ein in der Anlage hocheffizientes Zentralnervensystem bereit, in das die kognitiven Funktionen integriert werden können und auch integriert werden müssen. Aber (genetisch) vorgegeben ist nur der „Rahmen", bei Piaget die „organischen Regulationen", während die Schemata oder gar die „Kategorien", mithilfe derer Objekte wahrgenommen werden, nicht vorgegeben sind. Weder gibt es eine strukturierte Umwelt für das Neugeborene noch hat es ein „Selbst", das sich von dieser Außenwelt reflexiv absetzen könnte. Piaget (1974a, S. 31 f.) hatte diesen Status als „Adualismus" bezeichnet.

Die Sozietät als „Aktions- und Interaktionsfeld" stellt die Objekte der Erfahrung bereit, aber ist dem Neugeborenen noch nicht verfügbar. Der Konstruktionsprozess der kognitiven Funktionen muss daher so verfasst sein, dass der Organismus mit der eigenständigen Realität der Natur ebenso wie mit den eigenständigen Lebensinteressen der anderen umzugehen lernt. Am Anfang dieses Aufbauprozesses steht die Sensomotorik; an der Widerständigkeit der Objekte bildet sie sich aus. Die ersten „Objekte" aber, an denen Erfahrungen gemacht werden, an und mit denen gelernt wird, sind selbst Subjekte. In der Interaktion mit der sorgenden Bezugsperson entsteht auf der Subjektseite allmählich jene Reflexivität, die auf die Motorik einwirkt und sich zur Handlungskompetenz ausformt. Auf der anderen Seite wird das Objekt konstituiert, aber als ein handlungsfähiges Objekt, oder genauer noch: als Subjekt-Objekt. Im Rahmen dieses „Schemas" bauen die kognitiven Funktionen sich auf; das erste Schema ist, da alle Ereignisse von einem belebten Objekt ausgehen, jenes der Handlung (vgl. GS 3, S. 61 ff.). Dessen Rekonstruktion kann an der Ontogenese jedes einzelnen Menschen ansetzen, da die kognitiven Funktionen von jedem Individuum erst ausgebildet werden müssen. Da keinerlei kategoriale Vorgaben gemacht werden können, schließt auch die Kultur- und Geistesgeschichte − also all jenes, das auf der Ebene der Sozietät jeweils bereits erworben wurde und das ist nicht zuletzt: Wissen − an die Ontogenese an.

Das genuin Soziologische an dieser Erklärung liegt darin, dass die klassische Dualität von „Natur und Geist" aufgehoben wird − in der doppelten Bedeutung, die die Sozietät von Anfang an hat: in evolutionärer Perspektive wird in ihr die Freisetzung von instinktiven Steuerungen (später: organischen Schaltkreisen, vgl. GS 1, S. 38 ff.) des Verhaltens ermöglicht, und in ihr wird ontogenetisch der Aufbauprozess der Kognition in Gang gesetzt. Er verläuft über die primäre

Ausbildung von Interaktionskompetenz; erworben wird damit auch Handlungs-kompetenz. Sie ist das Fundament, auf dem bereits in der „Naturgeschichte" des Menschen die Existenz gesichert wird. Sie ist andererseits die conditio sine qua non für den Einstieg des Menschen in die „Geistesgeschichte" und damit auch für die Ausbildung von Wissenssystemen. Dies bedeutet: „Die anthropologische Verfassung lässt den Menschen bereits seiner biologischen Organisation nach auf eine geistige, sozio-kulturelle Lebensform verwiesen sein" (Dux 1990, S. 170). Kognition und Wissen müssen also zunächst anthropologisch, d. h. aus den noch nicht verfügbaren Bedingungen ihres Aufbaus bestimmt werden.

Die Erklärung sozialer Prozesse ist soziologisch daher nur im Rekurs auf empirische, d. h. immer: handelnde Subjekte, Akteure, möglich. Konkrete Gesell-schaftsformen sind damit bei weitem noch nicht erklärt, aber die Bedingungen ihres Aufbaus sind damit dem „letzten Unerklärbaren" und somit apriorisch zu Setzendem entzogen.

## 2.2   Zu einigen anthropologischen Spezifika

Wie Günter Dux in „Die Evolution der humanen Lebensform als geistige Lebensform" (GS 1) in der Auseinandersetzung mit rezenter naturwissenschaft-licher Forschung herausgearbeitet hat, liegt der Schlüssel für die Ausbildung der konstruktiven Lebensformen des Homo sapiens in der Entwicklung des Gehirns und der Sprechwerkzeuge. Handeln, Denken und Sprache wären ohne diese nicht möglich geworden. Die „anthropologische Konstellation", wie er sie nun nennt, beruht auf drei strukturbildenden Errungenschaften, die mit der Evolution des Gehirns gewonnen wurden (ebda, S. 37 ff.); die Neubestimmung bzw. Neu-benennung hat auch systematische Gründe, weil Dux sich nunmehr von über-kommenen, d. h. durch die Neurowissenschaften korrigierten, Annahmen der Philosophischen Anthropologie abgrenzen möchte:

- Das Öffnen der Welt (vormals „Weltoffenheit").
- Das Schwinden der organischen Schaltkreise des Verhaltens (vormals „Instinktreduktion").
- Der konstruktive Aufbau der Welt, wobei Dux hier nun für das Resultat des konstruktiven Prozesses den Begriff der Lebenswelt einsetzt.

Die „anthropologische Konstellation" (zuvor: „anthropologische Ausgangslage") beruht auf diesen drei strukturbildenden Errungenschaften, die mit der Evolution des Gehirns gewonnen wurden (ebda, S. 37 ff.). Evolutionstheoretisch betrachtet ist die „systemische Verfasstheit der Organisationsform des Lebens", anders gesagt: dessen biologische Selbstorganisation, daraufhin ausgelegt eine Stabilisierung des Organismus in seiner (natürlichen) Umwelt zu gewährleisten. Durch die Evolution des Gehirns drohte diese naturwüchsige Stabilisierung verloren zu gehen. Die Destabilisierung zwischen Organismus und Umwelt werde schließlich durch die Ausbildung von „Geist" überbrückt, wobei dieser in Dux´ säkularem Verständnis meint: „Kompetenz, die in die Lebensführung eingeholt ist" (ebda, S. 43). Die mit der Gehirnentwicklung einhergegangene Instabilität wird schließlich erst durch die Ausbildung von Handlungskompetenz überwunden (ebda, S. 52 ff.).

Für die Rekonstruktion von deren Genese rekurriert Dux auf den Stand der modernen naturwissenschaftlichen Forschung, wodurch auch der früher so genannte, de facto als nicht weiter klärungsbedürftige Natur-Kultur-Übergang ausführlich ausbuchstabiert wird. Demzufolge stammen die frühen Funde aus der Oldowan-Schlucht in Tansania und werden dem Homo rudolphensis und dem Homo habilis als den frühesten Vertretern der Gattung Homo zugeschrieben. Sie könnten als erster empirischer Ausdruck der Genese von Handlungskompetenz verstanden werden. Weiterentwickelt wurden die ersten bearbeiteten Steinwerkzeuge (der „Oldowan-Fäustling" 2,6–1,5 Mio. Jahren; entdeckt in den 1930er Jahren von Louis und Mary Leaky) durch die Acheuléen Werkzeuge, d. h. doppelseitige Steinäxte, denen „ein Alter von etwa 1,76 Mio. Jahren zugeschrieben wird" (ebda, S. 45). Diese blieben bis zur Ausbildung des Homo sapiens vor ca. 140 000 Jahren in Verwendung, d. h. wurden über einen Zeitraum von mehr als einer Million Jahren hergestellt und blieben in Gebrauch, obwohl in dieser Zeit ein erhebliches Gehirnwachstum stattgefunden hat (von 750 auf 1000 m$^3$). Ihre „evolutive Brisanz" liege jedenfalls darin, dass sie auf eine entstehende Intentionalität verweisen, auf planvolles Handeln.

In einem Jahrmillionen umfassenden Zeitraum seien es drei Schritte bis zur Genese von Handlungskompetenz gewesen: „das Wachstum der Zahl der Neuronen und der Möglichkeiten ihrer Verschaltungen, die Ausbildung der anthropologischen Konstellation und der daran anschließende Erwerb der Handlungskompetenz. Der geht mit der Ausbildung von Denken und schließlich auch der Sprache einher" (ebda, S. 48 f.).

Mit dieser genetischen Rekonstruktion geht auch eine Revision in Dux' Verständnis der Evolution einher: „Man muss den Bildungsprozess der humanen Lebensform auch im Zusammenspiel der biologischen und geistig-konstruktiven Prozesse, zumindest auch von den letzteren bestimmt verstehen. Es ist der Selektionsdruck, der von den geistig-konstruktiven Prozessen ausgeht, durch den bedeutsame biologische Entwicklungen bewirkt worden sind" (ebda, S. 52).

Auch die „exzentrischen Positionalität" Helmut Plessners wird von Dux in ein konstruktives und soziologisches Verständnis überführt. Sei sie für Plessner eine, nicht weiter in ihrer Genese aufgeklärte, Manifestation der humanen Lebensform gewesen, so verweist deren evolutionstheoretische Verankerung nunmehr auf ihren Bildungsprozess: Mit der Ausbildung von Handlungskompetenz bringe der Mensch „sich in eine bewusste Gegenlage zur Welt und damit zugleich in ein bewusstes Verhältnis zur Welt, durch die er aus der Gegenlage inmitten der Welt zu agieren vermag" (ebda, S. 75). Die exzentrische Positionalität folgt also der anthropologischen Konstellation und der aus ihr hervorgegangenen Handlungskompetenz.

## 2.3  Handlungskompetenz, Kognition, Moral

Wie sich bereits in der „Logik der Weltbilder" abgezeichnet hatte, dann von Günter Dux immer wieder thematisiert und schließlich in der „Evolution der humanen Lebensform" als Schlüsselelement zur Ausbildung des homo sapiens weiter ausformuliert wurde, ist die Formierung von Handlungskompetenz ein entscheidender Schritt. Im früheren Werk wird Handlungskompetenz zunächst als Erweiterung der in der Intimität der frühen Sorgebeziehung vom Kleinkind auszubildenden Interaktionskompetenz verstanden: „Dadurch, dass das Verhalten der Bezugsperson als fremdes Verhalten begriffen wird, dem das eigene angepasst werden muss, entsteht auf der Subjektseite jene Reflexivität, die auf die Motorik einwirkt und sich zur Handlungskompetenz ausformt. Auf der anderen Seite wird das Objekt konstituiert, aber als handlungsfähiges Objekt oder genauer noch: als Subjekt-Objekt" (GS 3, S. 78).

In der „Historisch-genetischen Theorie der Kultur" (GS 2, S. 38) hat Dux stärkeres Gewicht auf das Element der „konstruktiven Autonomie" gelegt, aber weiterhin die reflexive Steuerung der Handlungskompetenz betont. Der konstruktive Prozess im Erwerb der Handlungskompetenz und im Aufbau der Welt (…) zeigt, dass ein Gehirn, das über die Kapazität verfügt, kognitive Kompetenzen und praktische Formen in der Interaktion mit der Außenwelt zu entwickeln, es auch tatsächlich tut. Das Gehirn wird hier vorerst als bloße „Apparatur" bezeichnet. Entscheidend an der Verknüpfung mit der Handlungskompetenz ist aber, dass „was natural beginnt, (…) sich kulturell in der Nutzung des naturalen Antriebs fort(setzt)" (ebda, S. 45). Diese dialektisch-prozessuale Verbindung wird von Dux später in den Vordergrund gerückt und ausführlich(er) ausbuchstabiert. Aber bereits in der Theorie der Kultur hält er – immer noch explizit in Bezug auf die Ontogenese – fest:

„Die Verschränkung der biologischen und kulturellen Straten lässt sich eindrucks-
voll am Erwerb der Handlungskompetenz dokumentieren, wie er in jeder Ontogenese zu beobachten ist. Der Erwerb der Handlungskompetenz ist ein durch
und durch kultureller Prozess, die Kompetenz selbst ein hochgradig kulturelles
Konstrukt. Allein, sie ist ein Konstrukt, durch das der Organismus erwirbt, was jeder
anderen Art von Natur aus eigen ist: die Interaktionskompetenz mit der Außenwelt.
Ersichtlich wird der Organismus durch die Konstruktivität allererst lebensfähig. Was
er mitbringt, sind nicht die Konstrukte selbst, nicht die Welt, nicht die der Praxisformen, vielmehr lediglich die Kapazität, sie zu entwickeln" (ebda, S. 51).

In ihrer vollen Bedeutung für die humane Individualentwicklung wie auch für die
gattungsgeschichtliche Evolution wird die Handlungskompetenz von Dux dann in
den GS 1 weiter ausgeführt. „Denken und Sprache sind Lebensformen, die sich mit
dem Erwerb der Handlungskompetenz formieren. Das muss man sehen, wenn man
den systemischen Zugang zu ihrem Verständnis nicht verfehlen will" (GS 1, S. 55).

Der Erwerb von Handlungskompetenz geht – ontogenetisch wie phylogenetisch – dem Denken voraus. Es liegt nahe zu sagen: die kognitive Entwicklung steht begrifflich für die Ontogenese, die Ausbildung des Denkens für
die Humanevolution. Allerdings ist festzuhalten, dass Handlungskompetenz sich
nur „in eins" mit dem Denken ausbilden ließ und dieses wiederum an der Ausbildung der Handlungskompetenz hängt. Dies mag redundant erscheinen, wird
jedoch am konkreten Fall deutlich:

„Jener Hominine, der den noch unbehauenen Stein des ersten Fäustlings ins Auge
fasste, stieß auf einen Ausschnitt der Welt, den er – in Gedanken – festhielt. Etwas in
Gedanken von der Welt festzuhalten, erwies sich bereits als Anfang von Denken. Die
enge Bindung der Genese des Denkens an das Handeln ist recht eigentlich der Schlüssel
zum Verständnis sowohl der Ausbildung der geistigen Lebensform in der Evolution wie
hernach zu dessen Geschichte als Geistesgeschichte der Gattung" (GS 1, S. 110).

Onto- wie phylogenetisch ist es ein langer Weg, bis das Denken sich vom
Handeln ablöst. Im ersten Fall ist an den schwierigen und langwierigen Übergang von der konkreten zur formalen Operationalität i. S. Piagets zu denken[1];

---

[1]Es kann hier nicht ausführlich auf die Spezifika der einzelnen „Stadien" der Kognitionsentwicklung eingegangen werden. Festgehalten soll aber jener Aspekt, auf den es
ankommt: die konkret-operationale Kognitionsentwicklung ist dadurch gekennzeichnet,
dass die Ausbildung eines abstraktiven Denkens („abtraction reflêchissante" bei Piaget)
über eine ziemlich lange Zeitspanne an den jeweiligen Objekten der Anschauung und
Erfahrung „klebt" (also: ohne diese nicht möglich ist). Eine nur sukzessive Ablösung von
diesen bedarf zunächst des Erfordernisses in der jeweiligen Lebenswelt dafür und erfolgt
jeweils bereichsspezifisch. D. h. es gibt eine „décalage" zwischen den Dimensionen bzw.
Bezugsgrößen: Zahl, Länge, Menge, Volumen, räumliche Perspektiven etwa.

im zweiten zunächst an die extrem lange Zeitspanne, in der der Prozess stattfindet. Für das Denken auf der Ebene des homo sapiens ist jedenfalls von der anthropologischen Konstellation auszugehen, die es überhaupt erst angestoßen hat. Beim Denken geht es um die Herstellung und Wahrnehmung von Relationen zwischen Objekten und Ereignissen sowie um die Verbindung von Relationen mit Relationen. Das geschieht auf einer medialen Ebene des Bewusstseins, denn es ist nicht das Gehirn, das denkt. Dieses stellt nur das neuronale Netzwerk bereit, das sich seinerseits mit den Denkprozessen weiter ausbildet. Die Medialität des Denkens wird von Dux (GS 1, S. 116 ff.) als eine im Bewusstsein formierte Prozessualität verstanden, welche zwar an den Erfahrungen mit der Wirklichkeit geformt wird, aber dennoch von dieser abgegrenzt werden muss.

Für Jean Piaget (1974) erfolgt der sukzessive Aufbau der kognitiven Strukturen über die Ausbildung von Schemata, die dem Erkenntnisapparat eingebildet werden. Im Vordergrund seines Interesses steht dabei die Frage, wie die sich bildenden kognitiven Schemata die Gegenstände der Außenwelt assimilieren, sich diesen Schritt für Schritt akkommodieren und über die funktionelle Kontinuität schließlich sukzessive ihrerseits in einen Zustand flexibler Äquilibration überführt werden. Die kognitive Entwicklung hat er als einen sequenziellen Prozess von (ihrerseits weiter untergliederten) Stadien beschrieben: einem senso-motorischen, einem prä-operationalen, einem konkret-operationalen und einem formal-operationalen Stadium. Sequenziell bedeutet, dass deren Aufeinanderfolge im Entwicklungsprozess weder beliebig noch umkehrbar ist, da die Ausbildung der frühen Schemata die Koordination der späteren strukturiert. Jedes Stadium bildet insofern jeweils die notwendige Bedingung der Möglichkeit des darauf folgenden; die späteren schließen an die früheren an, in ihnen wird aber je Neues generiert und koordiniert.

Den Schwerpunkt seiner Analysen hatte Piaget auf die Ausbildung der formalen Operationen gelegt, d. h. auf die reversiblen und transitiven Transformationssysteme nach dem Muster der mathematischen Gruppenstrukturen, und diese auch für die Ausbildung der fundamentalen Kategorien zur Erfassung der Objekt- und Ereigniswelt als hinreichend – weil als diesen homolog – betrachtet. Daran setzt die Piaget-Kritik der historisch-genetischen Theorie an: es zeigt sich an dieser Beschränkung auf die Entwicklung einer operationalen Kompetenz eine Unschärfe seiner Theorie, denn Operationen „bestimmen (…) zwar, wie die Außenwelt aufgebaut werden kann, mit welchen Mitteln bzw. Verfahren; aber sie sagen uns noch nicht, wie die Außenwelt aussieht" (GS 8, S. 148). Mit anderen Worten: Piaget habe der kategorialen Ebene, die Dux später eingeführt hat, nicht hinreichend Rechnung getragen bzw. diese allenfalls über den unspezifischen Begriff der „infralogischen Operationen" zu fassen gesucht.

Die für die Kognitionsentwicklung konstitutive, weil von Beginn der kindlichen Entwicklung an elementare, Interaktion mit den sorgenden Bezugspersonen wird in der historisch-genetischen Theorie als erkenntnistheoretisches Explikans eingeführt; denn „wenn die ersten Objekte soziale Objekte sind, so muss die kognitive Entwicklung bis zu den Anfängen als ein sozialer Lernprozess verstanden werden" (Sutter 1992, S. 431). Operationen wie Kategorien bleiben dabei Konstrukte; sie erreichen weder die Welt, noch ihre Gegenstände in einem, wie immer gearteten, „ontologischen Status". Aber es sind kognitive Strukturen, die sich über elementare Erfahrungen in der Interaktion mit einer gegenständlichen Welt herstellen. „Als kategoriale Strukturen (Kategorien) wollen wir (…) diejenigen Strukturen verstehen, über die die Objekte und Ereignisse der Alltagswelt gebildet sind. Die Grundkategorien sind die Objektstruktur und die Ereignisstruktur; ihnen lagern sich andere an: Raum und Substanz der Objektstruktur, Zeit der Ereignisstruktur" (GS 8, S. 149).

Jean Piaget hatte bereits 1932 in seiner bahnbrechenden Studie zum moralischen Urteil beim Kind die Grundlage für die genetische Rekonstruktion des Regelbewusstseins gelegt und damit die späteren umfangreichen Untersuchungen von Lawrence Kohlberg und Mitarbeiter/inn/en initiiert. Theoriegeschichtlich knüpfen auch die Duxschen Untersuchungen zur Moralentwicklung (GS 5) unmittelbar an die Arbeiten von Piaget an. Allerdings ist seine Kritik an der kohlbergschen Konzeptualisierung (die auch in die Diskursethik von Apel und Habermas Eingang gefunden und die ihrerseits auf Kohlbergs Arbeit zurückgewirkt hat) grundsätzlicher ausgefallen als an jener von Piaget selbst. In seiner Neufassung des evolutiven Prozesses (GS 1) hat er die Herausbildung von Moral schließlich gattungsgeschichtlich eingebunden.

Auch die Moral formiert sich erst mit der Handlungskompetenz, wie sie sich – ausgehend von der anthropologischen Konstellation – gebildet hat (GS 1, S. 197). Und wiederum ist auf die systematische Differenz zwischen onto- und phylogenetischer Ebene zu verweisen. Dennoch ist zunächst der ontogenetische Befund entscheidend, denn: „Eingelassen in die Strukturen des Handelns und der Interaktion mit den sozialen anderen des kindlichen Umfeldes entwickelt sich eine primäre Form des Sollens und entsprechende der Pflicht, die wir als Moral verstehen" (GS 5, S. 156). Unter der Vorgabe von sich ausbildender Handlungskompetenz und Handlungsform müsse sich „auch eine Erwartung an das Handeln der anderen entwickeln und mit der Erwartung auch das Moment der Aufforderung" (GS 1, S. 198). Damit werde man ontogenetisch wie phylogenetisch an die Intimität der frühen Sorgebeziehung verwiesen. In dieser geht eine Unterwerfung des Kleinkindes mit dem Vertrauen zur Bezugsperson einher und stellt eine reziprok vorteilhafte Beziehung her, die dem Überleben dienlich ist. Das bedeutet, dass – analog zur Entwicklung des Handelns und Denkens – eben auch präformative Formen der Erwartung und der anfänglichen Form der Moral ausgebildet werden (ebda, S. 199).

Für das Verständnis der Moralentwicklung ist es daher unerlässlich, auf die frühkindlichen Sozialisationsbeziehungen inmitten signifikanter Anderer (wie bereits Berger und Luckmann 1969 es ihrerseits in Rekurs auf Alfred Schütz und George Herbert Mead formuliert hatten) zu fokussieren. Und so folgt im Grunde auch die Argumentation von Günter Dux dieser, mit einem feinen Unterschied allerdings, indem er den Prozess ab dem Zeitpunkt der Geburt ansetzt und die Intimität der frühen Sorgebeziehung stärker betont.

Lawrence Kohlberg (1996) hat eine (der kognitiven Entwicklung korrespondierende) Stufenentwicklung eingeführt, die von einem rein motorischen bzw. a-moralischen Stadium ausgeht und zu einem präkonventionellen Stadium (zunächst heteronom, später instrumentell) entwickelt wird, das für die meisten Kinder unter 9 Jahren gelte. Es folgt darauf die so genannte konventionelle Moral (zunächst nur reziprok, dann generalisierend), die die meisten Jugendlichen und Erwachsenen ausgebildet hätten. Diese Stadien sind vielfach auch empirisch bestätigt worden. Darüber hinaus haben Kohlberg und Mitarbeiterinnen aber auch noch ein potenzielles 5. und 6. Stadium der Moralentwicklung eingeführt und dieses als postkonventionelle Moral bezeichnet (von einem Denken in Kategorien von Gesellschaftsvertrag und individuellen Rechten bis hin zu universalen ethischen Prinzipien), die einige Erwachsene über 20 Jahre ausbilden würden. Hier setzt die Kritik von Günter Dux an: die empirisch nicht nachgewiesenen Stadien 5 und 6 dokumentierten die „Übernahme eines philosophischen Credos in die empirische Forschungsstrategie" (GS 5, S. 179, auch S. 185; Sutter 1990).

Kommen wir zurück zur Bestimmung der Moralität im historisch-genetischen Verständnis. Menschen sind also aufgrund ihrer anthropologischen Verfassung nicht auf bestimmte Handlungs- und Verkehrsformen prädeterminiert, vielmehr müssen sie ihr Leben in der ‚Modalform der Möglichkeit‘, in der Erwartungsform selber konstruktiv gestalten. Der sich in der frühen Ontogenese ausbildenden Handlungskompetenz sind von Anfang an Erwartungen als Aufforderungen seitens der sorgenden Bezugspersonen bezüglich Handlungsformen und Handlungsintentionen immanent. Mit steigendem Kompetenzgewinn und wachsender Reflexivität werden diese vom Kind dann auch als reziproke Strukturform von Interaktionen, als Erwartungserwartungen und Verpflichtungen, begriffen, womit ein Grundstein für moralisches Verhalten gelegt wird (vgl. Niedenzu 2012, S. 322 f.).

Für ein Leben in einer Gemeinschaft ist die Einsicht in diese Strukturform allerdings nicht hinreichend, denn immer kann Unerwartetes eintreten, können sich unerwartete Handlungsmöglichkeiten auftun. Erwartungen können eintreten oder enttäuscht werden, Aufforderungen kann nachgekommen oder sie können ignoriert werden. Wechselseitige Erwartungen in der Aufforderungsform, die nicht nur rein kognitiver Natur sind, sondern unmittelbar eigene Interessenlagen berühren, bedürfen daher einer Absicherung ihrer Realisierungschance. Im sozialen Umgang miteinander erfolgt das in der Form des Sollens: „Im Sollen manifestiert sich die an den anderen als Aufforderung gerichtete Erwartung, den Handlungsinteressen Rechnung zu tragen" (GS 1, S. 195). Das Sollelement in einer Aufforderung findet mit der Sprachentwicklung eine zusätzliche Ausdrucksform und sprachliche Verstärkung, allerdings fehlt für die Stabilisierung der Verkehrsverhältnisse in einer Gemeinschaft immer noch das Moment der Generalisierung und der wechselseitigen Akzeptanz. Das noch protonormative Sollen muss daher in eine allgemein verbindliche Form überführt werden, es muss sich als normatives Sollen darstellen, welches für spezifische Situationen und Handlungen soziale Anerkennung durch die Gemeinschaft und damit soziale Geltung beanspruchen kann (vgl. GS 5, S. 110 ff.; Niedenzu 2012, S. 316 ff.).

Die Moralität, wie sie sich in der emotional unterfütterten frühen Sorgebeziehung ausbildet, beruht auf dem widersprüchlichen Zusammenhang von einerseits Unterwerfung unter die Erwartungen und Handlungsaufforderungen der sorgenden Bezugsperson, andererseits der Ausbildung einer Vertrauensbeziehung zu dieser, denn deren Handeln trägt als moralische Form des Sollens den Interessen des Kindes Rechnung. Moralität als wechselseitige Anerkennung der Interessen der Anderen und dem Vertrauen darauf ist der Grundbaustein intimer familialer Beziehungen, aber sie lässt sich in gewissen Grenzen auf den gemeinschaftlichen Nahbereich ausdehnen. So sind frühe Gemeinschaften als Überlebenseinheiten mit ihren dichten Face-to-face-Beziehungen konstitutionell wohl auf gesollte und verpflichtende Handlungsformen hin ausgelegt, denen für Dux aber Moralität als normativer Unterbau zugrunde liegt. „In den dichten Beziehungen einer Gemeinschaft müssen diejenigen Handlungen, die normativ verfasst sind, deshalb als Moral verstanden wissen, weil sie mit Formen gemeinschaftlichen Handelns einhergehen, in denen den anderen eine personale Form des Vertrauens entgegengebracht wird. Gemeinschaften sind mit einem Wort auf Moral gegründete soziale Ordnungsformen" (GS 1, S. 200 f.).

Die moralisch unterlegte Form des Sollens, ebenso wie die darauf aufbauende normative Verfassung als solche, ist als Ordnungsform einsichtig, aber sie trägt auch immer schon das Moment ihrer potentiellen Verletzlichkeit oder Nichtbeachtung in sich. Man kann sich nicht darauf verlassen, ob den eigenen Interessen Rechnung getragen wird und es ist fraglich, ob die Gemeinschaft angesichts von Verletzungen der Ordnung deren Geltung einfordern wird. Von daher werden für die eigene Selbstbehauptung die zur Verfügung stehenden Machtpotentiale als latente oder manifeste

Untermauerung für die Respektierung eigener Erwartungen in die Interaktionen und Kommunikationen eingebracht. Selbsterhaltung und soziale Daseinsweise müssen jedoch als Daueraufgabe kompatibel gehalten werden (GS 5, S. 145 ff.).

In den frühen Gemeinschaften betrachtet Dux die als fraglos gegebene Zugehörigkeit zur Gemeinschaft als ein allen zufallendes und damit egalitäres Machtpotential, welches die wechselseitige Anerkennung der Interessen der anderen weitestgehend sicherstellte. Streit und Brachialgewalt zur Durchsetzung eigener Interessen wurden damit zu einem riskanten die Gemeinschaft bedrohenden Unterfangen, welches tunlichst auch im eigenen Überlebensinteresse vermieden werden musste, was die moralische Ordnung ihrerseits weiter stabilisierte. Moral als Grundlage und als normatives Regulativ sozialer Beziehungen stößt aber dort an eine Grenze, wo die Bedeutung der sozialen Einbettung für die eigene soziale Praxis diffus wird, wo die unmittelbare (!) Erfahrung der ‚Verflechtung‘ (Norbert Elias) verloren geht. Moral als normative Selbstverpflichtung lässt sich für Dux (GS 5, S. 169 ff.) mittels der abstraktiv-reflexiven Vernunft und Einsicht in die Bedingungen der Möglichkeit sozialer Daseinsweise über den sozialen Nahbereich hinaus ausdehnen, scheitert aber oft an der sozietären Machtverfassung.

## 2.4   Individualentwicklung und Kulturentwicklung

Die virtuelle Schnittstelle von Natur und Kultur wird von Dux am Wechsel des handlungsorganisierenden Prinzips und des sozialorganisatorischen Aufbaumodus (biochemisch-genetische Prozesse versus symbolisch-medial vermittelte soziokulturelle Prozesse) festgemacht (Niedenzu 2012, S. 304 ff.). Von daher stellt sich die Frage, wie sich aus einem sinnfreien evolutiven Geschehen heraus sinnhaft-intentionale, über Denken und Sprache bestimmte human-soziale Organisationsformen entwickeln konnten, wobei zumindest anfänglich evolutive und enkulturative Prozesse noch miteinander verbunden waren. Um den Unterschied zwischen der biochemisch prozessierenden natürlichen Evolution („Naturgeschichte") und der soziokulturellen Evolution („Kultur- und Geistesgeschichte") mit ihren differenten Lebenswelten und Organisationsformen (siehe Punkt Abschn. 2.5) adäquat fassen zu können ist es notwendig, dass Verhältnis von Ontogenese und soziokulturellen Prozessen weiter zu präzisieren.

Für Dux liegt, wie bereits ausgeführt, der Schlüssel im sich aus der anthropologischen Konstellation heraus über lange Zeiträume aufbauenden konstruktiven Vermögen des Menschen, seiner „konstruktiven Autonomie" (GS 2, S. 37 ff.). Die Konstruktivität des menschlichen Geistes erweist sich sowohl auf der Ebene der Wissens- als auch der Lebensformen, betrifft somit alle Gestaltungsmöglichkeiten in der humanen Lebensführung. Kulturelle Lebensweise beinhaltet für Dux daher, dass die Interaktions- und Verkehrsformen keine Verlängerungen prähumaner Verhältnisse sind, sondern ihrerseits im Rahmen der konstruktiven Autonomie erst generiert werden. Die historisch differenten gesellschaftlichen Organisationsformen lassen sich demnach auch nicht als eine vorgegebene Strukturfolge bestimmen, sondern ihre prozessuale sequenzielle Abfolge folgt einem emergenten Bildungsprozess, dem immer situationsspezifische Ausgangsbedingungslagen zugrunde liegen. Auf das Zusammenwirken von Bedingungskonstellationen und konstruktiv erworbenen Kompetenzen, woraus neue Organisationsformen entstehen können, soll der Begriff der prozessualen Logik hinweisen (GS 2, S. 373).

Die organismischen Veränderungen im Hominisationsprozess haften zweifelsohne am Individuum. Diesen muss über den ontogenetischen Prozess Rechnung getragen werden, der aber seinerseits immer schon in soziale Kontexte und Bedingungslagen eingebettet ist, was sich in aller Regel im Mutter-Kind-Verhältnis konkretisiert. Um den Organismus in ein lebbares Verhältnis zur Umwelt zu bringen, also der Notwendigkeit Rechnung zu tragen die Praxisformen ausbilden zu müssen, könnte die Entwicklung von Handlungskompetenz, Kognition und Sprache daher als ein reiner Übernahmeprozess von sozietär bereits Vorhandenem missverstanden werden. Dem steht entgegen, dass die basalen kategorialen und operationalen Strukturen nicht einfach übernommen werden können, sondern im Einklang mit den Piagetschen Forschungen ontogenetisch erst aufgebaut werden müssen (GS 2, S. 208 ff.). In diesem Sinne müssen die biologisch vorhandenen Kapazitäten aus einer kulturellen Nulllage heraus von jedem humanen Neuankömmling immer wieder aufs Neue zu kognitiven, sprachlichen, normativen etc. Konstrukten bzw. Kompetenzen ausgebildet werden. In einem systemisch verbundenen Prozess werden dabei die Strukturen der Außenwelt (= die handlungsrelevante Welt), der Sozialwelt (= Interaktions- und Kommunikationskompetenz) und der eigenen Innenwelt (= organische Fixierung der kulturell entwickelten Strukturen der Lebensführung; Subjektivität als reflexive Form der Selbstwahrnehmung) generiert, die das neue Gattungsmitglied sukzessive sowohl in Bezug auf die Außenwelt als auch sozial handlungsmächtig machen (GS 2, S. 53). Erst diese grundlegenden konstruktiv geschaffenen Relationierungen zwischen Organismus und Welt und deren Niederschlag in basalen kognitiven Strukturen ermöglichen es dann im Enkulturationsprozess, sich gesellschaftliche Praxisformen und Wissensbestände im Sinne von Inhaltswissen anzueignen.

Der kulturelle take-off und das Verständnis des Enkulturationsprozesses als Anfang der Geschichte, in der die Entwicklung kognitiver Kompetenzen und die sozialstrukturelle Entwicklung zusammenlaufen, verweisen mithin auf die frühe Ontogenese der Gattungsmitglieder (GS 2, S. 45), wobei sich ontogenetisch erworbene Strukturen auch in historischen Strukturen ausbilden. Die Strukturen der Kognition und die Strukturen gesellschaftlicher Organisation sind konstruktiv miteinander verbunden und in ihrer jeweiligen Entwicklung wechselseitig voneinander beeinflusst, aber die jeweiligen Prozesse operieren auf unterschiedlichen Ebenen und folgen differenten Entwicklungslinien (GS 2, S. 268 f.). Während die kognitive Entwicklung einem sequenziellen Muster in Folge von Prozessen der Assimilation und der Akkommodation (Jean Piaget) des Organismus an die Umwelt anfänglich nur bis zum Erreichen von Überlebensfähigkeit folgt (GS 2, S. 217), unterliegt die Entwicklung der soziokulturellen Organisationsformen, also die Ausgestaltung der sozialen Verkehrsverhältnisse und der gesellschaftliche Wissenserwerbsprozess, primär Interessen sowie Machtprozessen als ihrem basalen Umsetzungsmedium.

Es handelt sich also um unterschiedliche Prozessmechanismen. Diese schließen somit eine simple Parallelisierung von Ontogenese und Kulturgeschichte oder gar die reduktionistische Erklärung letzterer aus der Kognitionsentwicklung heraus aus. Der Grund dafür, dass kognitive Strukturen fraglos eine Rolle im Wandlungsprozess spielen, liegt vielmehr darin, dass „der ontogenetisch begonnene Wissenserwerbsprozeß unter dem Impetus der Anforderungen, die von der gesellschaftlichen Entwicklung ausgehen, auf dem Erwachsenenniveau über das anfängliche Niveau der Strukturbildung hinausgeführt wird. Ontogenese und Geschichte sind aneinander anschließende Entwicklungen der soziokulturellen Organisation der Welt" (GS 2, S. 218). Nur die sensomotorische und die präoperationale Phase sind der ontogenetischen Entwicklung endogen (wenngleich an die primäre Sozietät gebunden), die nachfolgenden Stadien sind ‚gesellschaftliche Errungenschaften'; aus gesellschaftlichen Entwicklungen ergeben sich neue Anforderungen, die einen Anreiz für Lernprozesse zur weiteren kognitiven Entwicklung darstellen können. So können die gesellschaftlichen Verhältnisse zu gewissen Akzentverlagerungen in der kognitiven Entwicklung führen, findet diese doch immer unter den Anforderungen dichter kommunikativer Praxis und der jeweiligen gesellschaftlichen Organisationsform statt. Beispielsweise entwickeln sich motorische Fähigkeiten in agrarischen Gesellschaften schneller; die operationale, logisch-algebraische Kompetenz wird je nach Gesellschaft unterschiedlich weit vorangetrieben; unterschiedliche, auch parallel existierende kognitive Entwicklungsniveaus innerhalb einer Gesellschaft sind, abhängig vor allem vom Zugang zu schulischer Bildung, möglich.

Die kognitive Entwicklung diesseits der präoperationalen Kompetenzen und der soziogenetische Prozess als die Aufeinanderfolge von soziokulturellen Organisationsformen (‚Kulturgeschichte') sind folglich miteinander verknüpft. Während jedoch die reflektierende Abstraktion ontogenetisch die Kompetenzen des Handelns über Lernprozesse vorantreibt, treibt die praktische Reflexion auf gesellschaftliche Möglichkeiten den geschichtlichen Entwicklungsprozess der Sozialstrukturen voran (GS 2, S. 376 f.). Die Transition der soziokulturellen Organisationsformen beruht dabei auf der Nutzung sich anbietender Handlungschancen. Die Verklammerung der beiden Ebenen findet sich dort, wo die wachsende Organisationskompetenz mit einem Wissenszuwachs einhergeht, der wiederum zu einer Steigerung der Reflexivität auf die Strukturen, das Wissen sowie die eigene Handlungskompetenz führt. Dabei gilt: „Konstruktiv geschaffene Welten sind in dem Sinne instabile Welten, dass sie aus sich heraus Handlungspotentiale freisetzen, die über die bis dahin stabilisierten Strukturen hinauszuführen vermögen" (GS 2, S. 30).

## 2.5  Sozialer Wandel als Wandel sozialer Organisationsformen

Eine die Historizität von Gesellschaft systematisch berücksichtigende soziologische Theorie des sozialen Wandels ist mit der Frage befasst, welche gesellschaftlichen Strukturen sich in der Abfolge ihrer historischen Formen finden, unter welchen Bedingungen sie sich gebildet und wie sie sich fortan verändert haben. Insofern geht es ihr um die Frage nach Entwicklung und Entwicklungslogik im Prozess der Geschichte, ohne jedoch in eine geschichtsphilosophische Begründungslogik abzugleiten. „Entwicklungslogik" verweist, soziologisch gesehen, auf eine strukturelle Sequenz, in der die nachfolgende Struktur die vorhergehende zur Bedingung hat und dass einmal erreichte gesellschaftliche Entwicklungen in der Organisationsform sich auch für andere Gesellschaften als anschlussfähig erwiesen haben.

Eine historisch-genetische Bestimmung sozialen Wandels setzt diesen weder als universelles Phänomen des Sozialen absolut, noch wird in ihr der Begriff für jedwede Veränderung in sozialen Systemen vergeben. Aus strukturgenetischer Perspektive macht es keinen Sinn, jedwede Modifikation – etwa des normativen Gefüges einer Gesellschaft – schon als sozialen Wandel zu bezeichnen. Andererseits wird der Begriff des Wandels aber auch nicht ausschließlich auf die sozialstrukturellen Komponenten von Transformationsprozessen beschränkt, genauso wenig wie es nötig ist, ein identisches Entwicklungsmuster für jedwede gesellschaftliche Organisationsform anzunehmen.

Strukturgenetisch erfolgt der Einstieg in die Geschichte über universelle Konstruktionsleistungen in der humanen Ontogenese. In ihr wird der Anschluss der Gattungsgeschichte an eine evolutive Naturgeschichte hergestellt und über sie lässt erstere sich in ihrer Emergenz auch rekonstruieren, da „die ontogenetisch begonnenen Strukturen unter derselben Maxime fortentwickelt werden, unter der sie begründet wurden: nämlich die erfahrbare Wirklichkeit in die kognitiven Strukturen zu fassen." (Dux 1994, S. 191)

Auf der Ebene der sozialen Strukturen ist gleichwohl mit einem kompetenz- bzw. handlungstheoretischen Rahmen nicht auszukommen, denn Gesellschaft kann nicht ausschließlich von den Subjekten her (etwa als Vernetzung nicht-intendierter Handlungsfolgen) bestimmt werden. Dementsprechend ist auch die prozessuale Logik einem systemischen Denken verpflichtet, indem sie die jeweiligen Gegebenheiten einer spezifischen historischen Situation, die für weitere Entwicklungen bedeutsam werden, in einen Bedingungszusammenhang gestellt sieht. Aber die Einsicht, dass die Gesellschaft ein systemisches Gefüge darstellt, ist noch nicht gleichbedeutend mit der theoretischen Entscheidung, sie ausschließlich in systemischen Kategorien zu denken. Denn wenn sie in ihren historisch konkreten Formen, und das heißt zugleich in der Abfolge ihrer Strukturen verstanden werden soll, dann ist Erkenntnis über die Bedingungen der Möglichkeit von Gesellschaft „einzig dadurch zu gewinnen, dass die drei Größen, mit denen wir in der Theoriekonstruktion operieren, so miteinander ver- bunden werden, dass jede von ihnen in ihrer Genese im Verbund mit der Genese der anderen erklärt wird: das Subjekt resp. die Subjekte, das über Denken und Sprache gebildete System des Wissens und das System der Gesellschaft" (Dux 1998, S. 59 f.).

Da der Enkulturationsprozess zuallererst aus der Ontogenese der Gattungsmit- glieder heraus verstanden werden muss, kann auch die Rekonstruktion an dieser ansetzen; denn seit der Ausbildung des Homo sapiens ist die Konstruktivität des ontogenetischen Entwicklungsprozesses in einem strikten Sinne universell. Die anthropologische Konstellation einer konstitutionellen Desäquilibration zwischen Organismus und Außenwelt „stellt den gesamten Bildungsprozess der Enkulturation unter den Imperativ, Handlungskompetenz zu gewinnen" (Dux, 1998, S. 62). Was für den Strukturierungsprozess der Kognition Gültigkeit hat und in einem strikten Sinne genetisch rekonstruiert werden kann, kann auch für den Prozess der Geschichte genutzt werden, denn „wenn der Erwerb von Wissen ein konstruktiver Prozess ist, dann ist der Erwerb von Wissen über Wissen ein rekonstruktiver Prozess" (Dux 1991, S. 22). Dies bedeutet nicht, dass sämtliche Entwicklungsdimensionen von Gesellschaften, oder gar jedes einzelne Spezi- fikum von Kulturen, wie sie sich auf der semantischen Ebene ausdifferenziert haben, unter ein Erklärungsschema gebracht werden sollen. Es lässt sich aber jedenfalls sagen, dass mit der je erreichten gesellschaftlichen Organisations- form auch die Handlungskompetenz ihrer Mitglieder sich erweitert und mit diesen auch die Bedingungen für ihre Entwicklung transformiert werden. Dieser

Prozess ist universell und auf seinem jeweiligen strukturellen Niveau einer Rekonstruktion auch zugänglich. Über die je erreichten Kompetenzen ihrer Mitglieder im sozialen Handeln lässt sich der Grad der Organisation einer Gesellschaft erschließen; auf deren Niveau wird Handlungskompetenz zugleich aber entwickelt.

Wenn die ontogenetische Entwicklung auch als primär, und d. h.: konstitutiv, angesehen werden muss, so ist erneut zu betonen, dass diese in der Geschichte nicht einfach fortgesetzt wird. Sie „hat die gesellschaftliche Organisation (…) allererst möglich gemacht. Aber die Weiterentwicklung über die naturwüchsige Schwellenlage hinaus ist Resultat nicht der ontogenetischen, sondern der gesellschaftlichen Prozesse, die hernach die ontogenetische Weiterentwicklung nach sich ziehen" (GS 4, S. 49).

Wenn von einer sequenziellen Strukturfolge – von den frühen egalitären Gesellschaften der Sammler und Jäger über ihre Sesshaftwerdung im Laufe der „neolithischen Revolution" und ihrer beginnenden Stratifikation hin zur Ausbildung archaischer Staaten in den frühen, bereits durch Herrschaft geprägten „Hochkulturen"; weiter über die Entwicklung der antiken Polis mit ihrer Verfassung, sowie deren imperial-dynastischer Ausdehnung v. a. im römischen Kaiserreich, und schließlich – über einen Hiatus hinweg – zur neuzeitlichen Entwicklung bis zum gegenwärtig, sich erneut global restrukturierenden, kapitalistischen Weltsystem – in der Gesellschaftsgeschichte ausgegangen werden kann und diese Entwicklung keinem Telos folgt, dann muss diese virtuelle Entwicklungslinie als eine Steigerung von Organisationskompetenz des Menschen über die Natur wie die Sozialwelt rekonstruiert werden können. Diese schließt ihrerseits an die Entwicklung operationaler und kategorialer Kompetenzen an. Noch einmal soll festgehalten werden: es wird hierbei weder ein Ableitungsverhältnis, noch eine Parallelität von Entwicklungssequenzen unterstellt, im Gegenteil – es werden, strikt prozessual, jeweils die sozialen wie kognitiven Bedingungen analysiert, die in der Geschichte je Neues haben entstehen lassen.

Auch für die Geschichte gilt: Die Entwicklung der formal-operationalen Strukturen lässt sich entlang der Ausbildung der Logik in ihrem axiomatischen Sinn rekonstruieren; jener der materialen Strukturen entlang der Entwicklung der Handlungs- und Urteilskompetenz. Wenn also gefragt wird, welcher Art die Anforderungen waren, dass an ihrer Bewältigung neue Kompetenzen entwickelt werden mussten, welche Strukturen ausgebildet und unter welchen Bedingungen sie verändert wurden, so ist dabei zu berücksichtigen, dass der Weg zu den logisch-mathematischen Operationen über die Verselbstständigung der Handlungen in kompetent durchgeführten Interaktionen gebahnt wird, zugleich aber, „dass die praktische Kompetenz auch nur dadurch vorangetrieben werden kann, daß eine abstrahierende Relationslogik ausgebildet wird" (vgl. GS 4, S. 71). Über die mit einer Steigerung des Organisationsniveaus steigenden Anforderungen geht aber zunächst die Handlungskompetenz in Führung.

Methodologisch kann davon ausgegangen werden, dass rezente Sammler- und Jäger-, bzw. einfache Agrargesellschaften, wie sie sich (mit allen diesbezüglichen Einschränkungen) als Enklaven auch noch im kapitalistischen Weltsystem erhalten haben, sich strukturell von ihren historischen Vorfahren nicht wesentlich unterscheiden, denn „nicht auf das Alter der Menschheit und der hinter einer Gesellschaft liegenden Geschichte kommt es an, sondern auf deren Organisationsniveau" (GS 8, S. 158). Dieser sehr langfristige Prozess sozialen Wandels wurde von Günter Dux an mehreren Stellen ausführlich rekonstruiert – immer auch im Hinblick auf das Ineinandergreifen von ontogenetisch-kognitiver und historisch-struktureller Entwicklung (vgl. insbesondere GS 2, Teil 4 und Schluss; GS 8, S. 139 ff.).

# Anwendungsbereiche der historisch-genetischen Theorie

## 3.1 Religion, Erkenntnis, Wissen

Religion, Erkenntnis und Wissen sind – immer im Verbund mit der grundsätzlich erkenntniskritischen Perspektive – von Beginn an für die Ausarbeitung der historisch-genetischen Theorie zentral gewesen. Der Zugang zur Religion unterscheidet sich von der üblichen religionssoziologischen Perspektive allerdings erheblich. Denn es geht Dux nicht um die historische wie kulturelle Vielzahl der religiösen Äußerungsformen, sondern um Fragen nach „Ursprung, Funktion und Gehalt der Religion" (1973), dem „Grund der Religion" (explizit in GS 3), um die Aufklärung von deren Logik und Struktur; bzw. darum zu erklären, warum sie tief in die humane Lebensform eingelassen ist (vgl. GS 6).

Religion ist diesem Verständnis nach die, in unterschiedlichen kulturellen und semantischen Formen erfolgte, Thematisierung dieser Tiefenstruktur, die so sehr an deren subjektivisches Schema gebunden ist, „dass es schließlich zu ihrem eigenen Definiens geworden ist" (Dux 1973, S. 34; vgl. auch GS 6). Zentrale Funktionen der Religion sind zum einen also die Thematisierung der subjektivischen Logik im Weltverständnis, wie es sich von Beginn der kulturgeschichtlichen Entwicklung an herausgebildet hat; und zum anderen die Vorstellung(en) über die Welt als Ganzer nicht nur zu erklären, sondern diese in ihrer Sinnhaftigkeit auszudeuten und zu vermitteln. Religionen „artikulieren ein Weltverständnis, dem die subjektivische Struktur als Grundverfassung unterliegt. Jede Religion lässt die Geschehnisse in der Welt und schließlich die Welt selbst auf subjektivische Agenzien (…) konvergieren" (Dux 2005, S. 42; vgl. auch GS 6). Aber ihre absolutistische Begründungslogik ist in einem emergenten, nicht-teleologischen Prozess zunehmender Verfügbarkeit über Natur und Sozialwelt und damit gesteigerter Organisationskompetenzen zurückgedrängt, wenn


G. Bohmann und H.-J. Niedenzu, *Historisch-Genetische Theorie*, essentials, https://doi.org/10.1007/978-3-658-31495-8_3

auch bis dato nicht vollständig überwunden worden. Insofern ist Säkularisierung im Kontext der geistesgeschichtlichen Entwicklung als Wandel der „interpretativen Matrix" von einer absolutistisch-subjektivischen zu einer funktional-relationalen zu verstehen (Dux 2005, S. 44).

Das neuzeitliche wissenschaftliche Weltbild entbindet die Religion aus ihrem umfassenden Welterklärungsanspruch und setzt die metaphysische Begründung der Erkenntniskritik aus. So wie im Verständnis der Natur das Universum in seiner zuständlichen Dynamik, Prozessualität und Sinnentleertheit paradigmatisch geworden ist, so wird für das Verständnis der Sozialwelt dessen historischer, konstruktiver und emergenter Charakter sowie deren Konvergenz auf den Menschen paradigmatisch. Deshalb versteht Dux Säkularisierung als jenen Prozess, in dem „Erklärungen aus der systemischen Bedingtheit der Prozesse gewonnen und letztere eben dadurch der Eingriffskausalität entzogen werden" (GS 2, S. 28).

Erst kürzlich hat Günter Dux (GS 8, S. 15; vgl. insbes. auch GS 8, S. 20 ff.) sein Verständnis des Säkularisierungsprozesses mit dem Epoche-Begriff verbunden und diesen an der Gestaltungshoheit, die der Mensch jeweils gewonnen hat, festgemacht. Epochen werden demnach ihrerseits als „Sequenzen der Säkularisierung" verstanden und lassen sich jeweils an den strukturellen Organisationsformen rekonstruieren: jener der Kognition, der Natur, der Sozialwelt und des Subjekts.

Wenn Religion als Erkenntnisform eigentlich überholt ist, paradigmatisch repräsentiert etwa durch die moderne Quantentheorie, warum hält sie sich dann bis in unsere Tage? Es ist ja u. a. dieser Befund, der zeitgenössische Religionssoziolog*innen zu einer Abkehr von der Säkularisierungsthese geführt hat. Wobei unter dieser ein Ensemble von drei Komponenten verstanden wird: die These der funktionalen Differenzierung der Gesellschaft; jene eines Niedergangs der Religionen und die These der Privatisierung von Religion (vgl. Casanova 1994), wobei v. a. der Niedergang der Religionen ernsthaft bestritten wird, was freilich durch zahlreiche empirische Studien weltweit gestützt, nicht zuletzt aber auch bestritten wird (vgl. Norris und Inglehart 2004). Auch der Privatisierungsthese wird jene einer gesteigerten politischen Bedeutung der Religion in der Öffentlichkeit entgegen gehalten (vgl. etwa Butler et al. 2011). Nur an jener der funktionalen Differenzierung wurde bislang nicht gerüttelt.

Im Verständnis der historisch-genetischen Theorie ist zur Frage der Perseveranz der Religion auf zwei Befunde zu rekurrieren:

1. Die subjektivische Form der Welterklärung wird von jedem nachwachsenden Individuum im Rahmen der Intimität der frühen Sorgebeziehung immer wieder aufs Neue ausgebildet. Somit werden in der ontogenetischen Entwicklung auch die für die Welterschließung erforderlichen kategorialen

Strukturen ausgebildet: das Objektschema als Subjektschema, das Ereignisschema als Handlungsschema, denen die anderen (Raum, Zeit, Substanz, Kausalität) sich anlagern, sowie das subjektivische Interpretationsschema bzw. die subjektivische Logik.

2. In Zusammenhang mit einem Teil der genannten Funktionsbestimmung von Religion, die Welt in ihrer Sinnhaftigkeit auszudeuten, lässt sich festhalten: solange das praktische Handeln in routinisierten Bahnen verläuft, muss es auch nicht hinterfragt werden (vgl. Berger und Luckmann 1969; GS 3, S. 103). Immer aber gibt es auch das Unvertraute, Beängstigende, Leben und Tod berührende, Riskante oder Neue, das sich nicht über die Routine praktischen Handelns alleine bewältigen lässt. Hier setzen die Frage nach dem Warum und der Rekurs auf das ursprüngliche subjektivische Erklärungsschema ein, indem zunächst nach dem Ursprung des Geschehens gefragt wird.

Weisenbacher (1993, S. 33) hat empirisch herausgearbeitet, wie auch in der Moderne von modernen Subjekten, die formal operational und funktional-relational zu denken vermögen und dies in der Regel auch tun, dennoch die ältere Logik, die zweistellig-relationale des subjektivischen Erklärungsschemas unter spezifischen Bedingungen (z. B. Verfolgung) sowie auch dimensionenspezifisch mobilisiert werden kann, also zwei Logiken des Weltverstehens nebeneinander existieren können. Dies führt zwangsläufig zu Gemengelagen bzw. hybriden Weltbildern.

Was von Dux unter Erkenntnis verstanden wird, lässt sich nach allem vergleichsweise kurz benennen. Denn zu allererst ist Erkenntnis ein Problem der Methode und sie ist, wie bereits Max Weber betont hatte, immer eng mit dem Erkenntnisinteresse verbunden:

„Wenn wir deshalb wissen wollen, warum sich eine gesellschaftliche Organisationsform des Menschen gebildet hat und warum in den Strukturen, die wir in der Geschichte vorfinden, dann ist es notwendig, den Prozess zu rekonstruieren, unter dem sich die Organisationsformen haben bilden und hernach entwickeln können. Die Rekonstruktion stellt sich einmal mehr als ein Prozess der Konstruktion dar. (...) Als Konstrukt stellt sich die Gesellschaft im Erkenntnisprozess der Sozialwissenschaften gleich auf zwei Ebenen dar. Auf der ersten, der lebenspraktischen Ebene, sind es die gesellschaftlichen Akteure, die in anschlussfähigen interaktiven und kommunikativen Prozessen die Gesellschaft konstruktiv entstehen lassen. Auf der zweiten Ebene sind wir es, die Wissenschaftler, die diese Wirklichkeit in einer abstraktiv reflektierten Weise zu verstehen suchen. Und das ist erneut ein konstruktiver Prozess" (GS 13, S. 11 f.).

Das Problem einer Rekonstruktion des bereits Konstruierten beinhalte aber das Problem, dass die Konstrukte der Wissenschaft die Realität der Konstrukte der Sozialwelt auch erreichen müssten (vgl. ebda, S. 13). Nicht zuletzt deshalb spricht Günter Dux von „konstruktivem Realismus" oder „realistischem Konstruktivismus". Entsprechend ist Erkenntniskritik auf die Aufklärung der logischen Struktur von Konstrukten in der Geschichte wie in der Gegenwart bezogen.

Aber es geht in der historisch-genetischen Theorie nicht um epistemologische Fragen im tradierten Verständnis der Philosophie, die ihrerseits wiederholt aufgrund des ihr inhärenten logischen Absolutismus der Erkenntniskritik anheimfällt. Soziologisch weit bedeutsamer ist das Wissen in den sozialen Wirklichkeiten der sozialen Lebenswelt. Dux schließt hier explizit an das in den 1960er Jahren bahnbrechende Buch von Peter L. Berger und Thomas Luckmann und deren sozialem Konstruktivismus an (vgl. Bröckling und Paul 2019, S. 137), ohne deren nur phänomenologischen Zugang zu übernehmen. Die, wenn man so will, anthropologische oder kognitive Wissenssoziologie von Günter Dux setzt konstitutionstheoretisch an. Wie Georg Vobruba (2003, S. 201) es formuliert hat: diese nehme den Platz der traditionellen Erkenntnistheorie ein, weil „zentrales Merkmal des Wissens in der Moderne (…) seine Reflexivität (ist), also das Wissen um die sozialen Konstitutionsbedingungen des Wissens".

## 3.2    Sprache, Zeit, Weltbild

Nach Allem, was Günter Dux in enger Anknüpfung an die Arbeiten zur kognitiven Entwicklung von Jean Piaget herausgearbeitet hatte, ist einerseits evident, dass der ontogenetischen Entwicklung ein Primat für die Rekonstruktion auch der Sprachentwicklung zukommt. Andererseits, dass der Spracherwerb in der kindlichen Entwicklung erst zu einem Zeitpunkt einsetzt, zu dem auf der Ebene des symbolischen Denkens schon erhebliche Konstruktionsleistungen erbracht worden sind. Selbstredend kann für die Rekonstruktion des Spracherwerbs in der Evolution nicht auf Kleinkinder der frühen Homininen rekurriert werden, sodass sich die Perspektive erst einmal auf die phylogenetische Entwicklung richten muss. „Evolutiv liegt der Sprache allemal der Bildungsprozess der Welt durch Handeln und Denken zugrunde, evolutiv und historisch musste der Bildungsprozess von Denken und Handeln schon angelaufen sein, damit es überhaupt etwas durch Sprache zu sagen und zu gestalten gibt. Der Prozess ist phylogenetisch erfolgt und er erfolgt ontogenetisch immer erneut" (GS 1, S. 261). Dux verweist dabei zunächst auf die Schritte, die in der Evolution zur Ausbildung von Sprache geführt haben und für die man sich der darwinschen

Vorgabe einer natürlichen Selektion nicht entziehen könne. Die Sequenz kann so gelesen werden: anthropologische Konstellation – Handlungskompetenz – Denken – Lautformen – Ausbildung des Rachenraums – Sprache. Im Rahmen dieser Sequenz werde der evolutiven Entwicklung „ein Zirkeleffekt zwischen biologischer und geistiger Entwicklung eingefügt, der geeignet ist, den verwickelten Verlauf der Ausbildung der Sprache, aber auch der geistigen Lebensform selbst transparent werden zu lassen" (ebda, S. 258). Der zentrale Ansatzpunkt für die Erklärung der Sprachgenese ist also der enge Zusammenhang zwischen neuronaler, physiologischer und kognitiver Entwicklung. Bereits aus diesem ergibt sich, dass Sprache systemisch mit Handeln und Denken verbunden ist und ebenso, dass die Sprachausbildung ihrerseits die kognitiven Kompetenzen befördert. „Erst dadurch, dass Laut und Gedanke im Wort zum Begriff verbunden werden, können Relationen zwischen Objekten und Ereignissen geschaffen werden, durch die eine sprachlich verfasste Welt entsteht. Erfassen lässt sich das Netz der Relationen, die die Welt ausmachen, erst durch Sprache" (ebda, S. 261).

Während die zerebrale Verortung des Sprechens letztlich von den Neurowissenschaften zu klären sei, gilt es für die wissenssoziologisch-evolutionstheoretische Perspektive festzuhalten, dass die Homininen erst zu sprechen beginnen mussten, ehe sich die neuronalen Formen bildeten (vgl. ebda, S. 280 ff.). Hat die Sprachausbildung aber erst einmal begonnen, stellen sich die Fragen nach ihren Formen und Funktionen. Günter Dux unterzieht prominente Theorien seiner Erkenntniskritik, sowohl die linguistische (Chomskys notabene) im Hinblick auf die Bildung der syntaktischen Formen, sowie die soziologisch-sozialphilosophische (Habermas' Theorie kommunikativen Handelns und seine Diskursethik) im Hinblick auf die postulierte Ursprünglichkeit der Verständigungsorientierung der Kommunikation.

In Dux' Verständnis kann Sprache weder als gesellschaftliche Grundform, noch als der eigentliche Grund der humanen Lebensform aufgefasst werden; und es liege ihr schon gar kein extramundaner Telos zugrunde, der auf Verständigung verweist (vgl. ebda, S. 219 ff.). Sprache hat also keine autonome Genese. Es ist vielmehr „die Notwendigkeit der lautlichen Repräsentation des Handelns und der Welt" (ebda, S. 269), die der Kommunikation zugrunde liege.

Etwas ausführlicher muss auf die Ausbildung der Syntax eingegangen werden, zumal auch deren Grundform nur über die Handlungsform und deren Niederschlag im Denken gebildet worden sein kann. Der Weg führt von einer zunächst holistischen zur morphemischen Sprachentwicklung (vgl. ebda, S. 270 ff.)[1]. Um

---

[1]„Es können nur Lautbildungen gewesen sein, die der scharfen Unterscheidung der Phoneme, wie wir sie aus der entwickelteren Sprache des Homo sapiens kennen, ermangelten. Denn die physiologische Ausbildung der Sprechwerkzeuge des Mund- und Rachenraums musste erst in den zwei Millionen Jahren noch geschehen." (S. 288)

sich die Umwelt „in ihren multiplen Relationen zugänglich zu machen", sie zu objektivieren und zu repräsentieren erfordert diese „präformative Morpheme, Wörter und schließlich Sätze" (ebda, S. 267). Kommunikation bewirke dann auch die Regelbildung. Die Grundform der Syntax folgt der Praxis des Handelns und Sprechens (dem Handlungsschema): sie geht von einem Subjekt und dessen Handlung aus, diese „findet im Verb ihren Niederschlag und läuft auf das Objekt zu" (ebda, S. 288). Nicht zu unterschätzen ist dabei, dass in 99 % der ca. 6000 bekannten Sprachen das grammatikalische Subjekt vor dem Objekt steht (ebda, S. 289). Ohne hier auf die zahlreichen Details in Dux´ Sprachtheorie eingehen zu können, so ist doch noch auf die mit ihr verbundene Universalität der syntaktischen Grundform zu verweisen:

> „Es wird immer eine Sprachform für ein Handlungsgeschehen geben – immer ein Verb für ein Geschehen, gleich in welcher Form, immer ein Nomen für einen Gegenstand. Mit beiden wird es dann eine dritte universale Form geben, den Satz (…) einer Anforderung an die Sprache müssen alle Satzbauformen Rechnung tragen: Es muss möglich sein, die Handlungsform in die Sprachform einzuholen und die der Lebenspraxis entgegenstehende Welt in den Objekten und Ereignissen aussagbar zu machen" (ebda, S. 292).

Auch Zeit ist eine kognitive Kategorie, die zunächst ontogenetisch in der Interaktion mit den sorgenden Bezugspersonen und infolgedessen über die Struktur der Handlung ausgebildet wird. Auch hier schließt Dux an Jean Piaget, insbesondere an dessen Studien zum Zeitverständnis, an, geht aber bereits in den Prämissen über diese hinaus. Zeit wird gefasst als diejenige „kognitive Organisation, mit der wir in der Dauer des Universums dessen Wechsel erfahren" (GS 4, S. 21). Als solchermaßen abstrakte Weltzeit steht sie aber nicht bereit, sondern muss erst ausgebildet werden. Zeit ist, als ontogenetisch erst zu entwickelnde Kategorie, damit von Beginn an eine soziale Kategorie. Das bedeutet nicht nur, dass sie als Ordnungsmuster der gesellschaftlichen Organisation fungiert, sie „ist schlechterdings konstitutiv für jede Form von Sozialität" (ebda, S. 56). „Alle naturwüchsige Zeit ist Handlungszeit" (ebda, S. 32), wobei jedes Ereignis seine eigene Zeit hat, weil jedes auf ein Agens zurückgeführt wird, das es aus sich heraus gesetzt hat. Belegt wird diese, jeweils an eine Handlung zentrierte Wahrnehmung von gleichzeitigen Abläufen mit den Ergebnissen von jenen Piaget nachgebildeten klinischen Untersuchungen mit Kindern in den prä-operationalen Stadien der Kognitionsentwicklung.

Über das ursprüngliche Schema der „zentrierten Handlungslogik" hinausgegangen werde erst mit der Entwicklung der Operationalität; aber die Ausbildung der mathematischen Relationen, wie Folge und Dauer, erfolge nicht gleichsam endogen im Piagetschen Sinne, sondern entwickle sich an der Praxis – an den praktischen Anforderungen der Lebensführung. Sie müssen in Erfahrung und Urteil verarbeitet werden.

Historisch-rekonstruktiv findet Dux die zentrierte Handlungslogik der Zeit in der animistischen Welt der Hopi wie in der „göttlichen Last der Zeit" (vgl. ebda, S. 107 f.) im Denken der Maya. Ihre substanz- und identitätslogischen Prämissen lassen sich Dux zufolge in der uns so vertrauten Zeit der Israeliten aufweisen wie in der scheinbar so fremden „Zeit der Mitte" in der chinesischen Philosophie. Die in der Literatur wiederholt konstatierte „Zyklizität" im frühen Zeitverständnis stelle sich in der strukturlogischen Interpretation in einer strikten Linearität dar: Die Zeit „kehrt wieder", weil sie immer erneut aus einem immer gleichen Agens heraus gesetzt wird.

Mit der Zunahme der Organisationskompetenz in der ökonomischen und sozialen Entwicklung geht auch die Transformation der „materialen Logik" einher: in den Schöpfungsmythen wird die Welt bereits als gesamte und der Mensch in ihr thematisch gemacht. Was zunächst noch der unmittelbaren „Lenkung der Götter" zugeschrieben wird, finden wir hernach in den Topoi des Schicksals oder in jenem der ewigen Wiederkehr. Wir werden in der Interpretation der überlieferten Texte an ein Verständnis der Zeit verwiesen, die aus einem in sich ruhenden, aber alles Leben aus sich heraussetzenden (göttlichen) Ursprung stammt.

Auch noch im „chronologischen" Verständnis Herodots zeige sich die materiale Logik: in seiner „an Herrscher gebundenen Zeitbestimmung" wie an seiner „Schicksalsgläubigkeit" (ebda, S. 232 ff.). Was schließlich den Umbruch im Zeitverständnis ermöglicht hat – und auch hier argumentiert Dux im Widerspruch zur gängigen Interpretation –, war nicht die christliche Zeit mit der ihr eigenen (eschatologischen) „Linearität" und Disziplinierung in den Horen des Tages. Es war erneut die praktische Erfordernis im Umgang mit einem stärker ausdifferenzierten ökonomischen System, die „Zeit der Maschine" in der gewerblichen Produktion insbesondere. Mit der Entwicklung des Marktes und der Produktion für ihn musste die Zeit „rechenhaft werden" (ebda, S. 280); das Aufkommen der Schlaguhren markiere den historischen Zeitpunkt im dreizehnten Jahrhundert. Die Maschine, versinnbildlicht in der Räderuhr, ist für Dux (ebda, S. 288) deshalb von eminenter Bedeutung: „Innerhalb des Systems bewegt sich alles in einem Prozeß, der keinerlei Anstoß und Steuerung durch eine externe Quelle mehr benötigt. Das System wird in zuständlicher Dynamik gedacht". Damit sei die „Weltzeit" gewonnen. Sie ist zugleich die Voraussetzung für einen Begriff und ein Verständnis von Historizität.

Unter „Weltbild" wird eine kognitive Struktur, d. h. eine Logik sowie deren semantische (bzw. materiale oder inhaltliche) Ausgestaltung verstanden. Eine kognitive Struktur ist im historisch-genetischen Verständnis eine operationale wie eine kategoriale Struktur des Denkens, die in der Ontogenese wie in der Geschichte auf der Folie einer subjektivischen Logik ausgebildet wird. Mit der zunehmenden Konvergenz der Welt auf den Menschen wird sie durch die prozessuale funktional-relationale Logik abgelöst, wenn auch keineswegs durchgängig ersetzt; zunächst im Verständnis der Natur, später erst in jenem der Sozialwelt. In die so verstandenen Logiken gehen also jeweils sowohl operationale wie kategoriale Komponenten ein; sie ist der Kategorie der Handlung nachgebildet. D. h. dass die materialen Komponenten der zweistellig-relationalen Logik von Beginn ihrer Ausbildung in der Ontogenese eingelagert sind. Die, je historisch entwickelten, Semantiken gehen in diesen nicht auf, dienen aber nicht zuletzt dazu, die Logik in Form von Weltbildern auszuformulieren.

Günter Dux hat die Differenz sowie den Zusammenhang beider Strukturebenen in der „historisch-genetischen Theorie der Kultur" (GS 2) gegenüber früheren Arbeiten präzisiert. Er hat als Kategorien jene Strukturen bezeichnet, in denen sich „Objekte und Ereignisse der Außenwelt auf der Makroebene alltagspraktischen Lebens darstellen"; und jene Strukturen, „die als logisch-mathematische entwickelt werden, um die Relationen zwischen distinkten Größen zu bestimmen", (mit Jean Piaget) als Operationen (vgl. GS 2, S. 209). Während Operationen „mentalen Werkzeugen" vergleichbar seien, werden in Kategorien „Gegebenheiten erfaßt, die beim Aufbau der Welt derart elementar sind, dass sie als allgemeine Bedingungen das Konstrukt bestimmen und in jeder der überhaupt möglichen Welten wiederzufinden sind" (ebda, S. 214). Es sind dies an zentraler Stelle die Kategorien von Raum und Zeit, von Substantialität und Kausalität, die der basalen Objekt- und Ereignisstruktur jeweils angelagert sind. Festzuhalten dabei ist, dass deren Entwicklung ohne jener der Operationen nicht vorstellbar ist. „Eben weil die Entwicklung der Operationalität eigens dafür bestimmt ist, die Interaktion mit der Objekt- und Ereigniswelt effizient zu gestalten, vermag eine gesteigerte Form der Operationalität, (…), die kategorialen Bestimmungen nachhaltig zu affizieren" (ebda, S. 216). Versteht man dies in einem strikten Sinne, ist also ohne Entwicklung der Operationalität eine Entwicklung des kategorialen Verständnisses nicht möglich. Dennoch laufen, de facto, semantische Innovationen der Entwicklung der zugrunde liegenden Logik oftmals voraus (vgl. Bohmann 2005).

Den Begriff der Semantik hat Dux bislang nur zögerlich, gleichsam synonym, mit jenem der Inhaltsebene bzw. der materialen Gehalte verwendet. Man kann ihn – gerade auch im Kontext der historisch-genetischen Perspektive – nutzen, schärfer fassen und Semantiken mit Klaus Holz, der an das Begriffsverständnis der „gepflegten Semantik" bei Luhmann anknüpft, als „Ausdeutungen oder Thematisierungen der subjektivischen Logik" bezeichnen. Denn: „Konstitutionstheoretisch muß man davon ausgehen, dass die subjektivische Logik nur zu einer Logik der Weltdeutung werden kann, indem sie ausgedeutet wird. Ohne Semantik gibt es kein Weltbild" (Holz 2003, S. 142).

## 3.3  Macht, soziale Ungleichheit, Geschlecht

Vor dem Hintergrund der anthropologischen Konstellation und damit fehlender Verkehrsformen mit der Außenwelt sind die Subjekte konstitutionell in Sorge um sich, dass ihren Bedürfnissen in den Interaktionen und Kommunikationen Rechnung getragen wird. Da Menschen immer schon in Gruppen leben, führt das dazu, dass Bedürfnisse genau dann zu Interessen werden, wenn ihre Befriedigung unter Konkurrenzbedingungen steht und somit vom Verhalten anderer abhängig wird (GS 10, S. 46). Aus der Sorge um sich selbst heraus müssen die im ontogenetischen Prozess zunehmend reflexiv zugänglichen eigenen Bedürfnisse und Interessen in Handlungsziele übersetzt werden. Wie im Teil Abschn. 2.3 bereits angesprochen verkehren Menschen daher im Modus des Sollens miteinander, welcher die wechselseitige Anerkennung der je eigenen Interessenlage gewährleisten soll. Protonormative Sollerwartungen bleiben jedoch in ihrer Anerkennungs- und Durchsetzungschance prekär, wenn sie nicht durch ein Drohpotential untermauert werden können. Selbst normative Erwartungen als bereits anerkannte Interaktionsmuster fallen bei Nichtbeachtung durch andere unter dieses Verdikt. Als Handlungsziele müssen Bedürfnisse und Interessen deswegen aktiv in die sozialen Kontexte eingebracht und im Falle des Falles mittels eigener Machtpotentiale auch gegen widerstreitende Interessen durchzusetzen versucht werden. Das ist für Dux (GS 10, S. 43 ff.; GS 13, S. 100 ff.) der Grund, dass allen gesellschaftlichen Verhältnissen Macht als eine anthropologische Universalie zugrunde liegt, wie auch immer sich die Machtverfassung zur Geltung bringen mag. Soziale Beziehungen und gesellschaftliche Strukturbildungen sind mithin immer durch Machtprozesse charakterisiert, in denen Machtpotentiale aufeinandertreffen und aus denen die interaktiven und gesellschaftlichen Machtverhältnisse sowie Organisationsstrukturen resultieren. Der Vergesellschaftungsprozess erfolgt entsprechend den nicht verfügbaren anthropologischen Ausgangsbedingungen unausweichlich über Interesseneinbringung und die Bereitschaft Machtmittel einzusetzen. Begrenzt wird Macht primär über Gegenmacht, im Innenbereich aber auch durch die Moralität, wie sie Gemeinschaften kennzeichnet.

Im Unterschied zur tierischen Dominanzausübung als Verhaltensform, die weitestgehend auf Triebstrukturen und der körperlichen Konstitution beruht, ist Macht als Medium der Selbstbehauptung und der sozialen Positionierung eine unter den Bedingungen des Zusammenlebens kulturell bestimmte Handlungsform, die in der Ontogenese in eins mit der Ausbildung der Handlungskompetenz entwickelt wird (GS 10, S. 48; GS 13, S. 125). Je nach sozialem Kontext und dem Ausmaß der Sorge um sich selbst kann sie auf unterschiedlichste Arten von Machtpotentialen (Körperkraft; Wissen; soziale Position; Klientel; Gewaltstrukturen, Moralität etc.) rekurrieren. Macht lässt sich deshalb nur relational in Bezug auf die gesellschaftliche Organisation und nicht substantiell bestimmen. Die gesellschaftliche Organisation als die Vernetzung von Handlungen stellt sich wiederum als Relation der Machtpotentiale dar. Darüber hinaus ist Macht ein konstitutiver Faktor jeder sozialen Gemengelage, auf deren Ausweitung unter bestimmten Ausgangsbedingungen systematisch hingearbeitet werden kann (GS 10, S. 47 ff.; GS 13, S. 102 ff.). So geht die Entwicklung der historisch belegten differenten gesellschaftlichen Organisationsformen mit der Akkumulation von Machtpotentialen, der Ausbildung und Verfestigung von Strukturen sozialer Ungleichheit und schließlich der Ausbildung von Herrschaft und Staat einher.

In der anfänglichen pristinen Sozialverfassung der Jäger- und Sammlergesellschaften, wo Machtpotentiale weder monopolisierbar noch akkumulierbar waren, steht noch die physiologische Differenz im Vordergrund und wird sozial bedeutsam: unterschiedliche Körperstärke und Fertigkeiten übersetzen sich in die sozialen Verhältnisse, ohne jedoch auf Dauer gestellt werden zu können. Sie führen in den weitgehend auf die Norm der Egalität festgelegten akephalen Gesellschaften der Frühzeit wohl zu unterschiedlichem Prestige Einzelner, aber abgesehen von Alter und Geschlecht zu keiner ausgeprägten oder gar stabilen Ungleichheitsstruktur. Dies ändert sich mit dem Übergang in die Sesshaftigkeit und dem Entstehen einer Eigentumsverfassung. Nunmehr baut die Machtverfassung auf Besitz auf, sie ist auf die Männer als Inbesitznehmer des Bodens zentriert und findet im substanzlogischen Denken ihre Legitimationsbasis (GS 10, S. 173 ff.). Mit der Sesshaftigkeit und dem Übergang zur agrarischen Gesellschaft konnten erstmals in der Geschichte Produktionsmittel akkumuliert und Abhängigkeiten zwischen den Menschen aufgebaut werden. Die Ausnutzung der Abhängigkeit in Form der Aneignung fremder Arbeitskraft für eigene Zwecke war anfänglich aber im Rahmen der noch verwandtschaftlichen Strukturierung der Gesellschaft (Abstammungslinien) durch die damit gemeinschaftlichen moralischen Standards limitiert. Es kam nur zu einer moderat hierarchisierten gesellschaftlichen Organisation (Häuptlingstümer etc.), wo die Reziprozitätsverpflichtungen noch nicht außer Kraft gesetzt waren. Immerhin aber konnte nunmehr als Handlungsziel auch auf die Erweiterung der eigenen Machtbasis über die Organisation von Machtmitteln (Landnahme; Ressourcen; Klientel; Besitz) hingearbeitet werden.

Diese polarisierende Entwicklung der Machtpotentiale verstetigte sich in den archaischen, herrschaftlich organisierten Gesellschaften, die die nach außen gerichtete Unterwerfungsmacht auch als Möglichkeit der Gewaltanwendung nach innen mit sich führten (GS 13, Kap. 7–10). Einen Scheitelpunkt erreichte die Entwicklung der Gesellschaftsformen in der griechischen Polis, wo es angesichts der extremen sozioökonomischen Ungleichheit zwischen den Haushalten und vor dem Hintergrund der angewachsenen Organisationskompetenz in Bezug auf die Sozialsphäre erstmals in der Geschichte zu einer bewusst vorgenommenen Reorganisation der sozialstrukturellen und politischen Verhältnisse kam. Mit dem Aufkommen der politischen Sphäre und politischen Verfassung der Gesellschaft entsteht eine neue Art von Machtbasis, die unabhängiger von der Eigentumsverfassung wird und sich als Machtbereich institutionell tendenziell verselbstständigt. Die soziale Ungleichheit wird damit nicht abgeschafft, aber politisch transformiert. Gleichzeitig verfestigte sich damit jedoch die Trennung zwischen dem Privaten (Oikos), in welchem die Frauen eingeschlossen sind, und der den Männern vorbehaltenen Öffentlichkeit.

Das Geschlechterverhältnis, wie es sich mit der Enkulturation ausgebildet hat, lässt sich für Dux nur im Rahmen der sich aus der anthropologischen Konstellation ergebenden grundlegenden Machtverfassung der Gesellschaft und ihrer jeweiligen historischen Form analysieren; es ist diesen eingebettet. Dabei ist Vorsicht geboten: Bei der (Un-)Gleichheitsfrage geht es um die Frage einer sozialen Vorrangstellung und nicht um die Wertebene oder die Bedeutung; in vielen Gesellschaften erfuhren die Frauen eine hohe Wertschätzung, die aber nur selten mit der Einnahme von Macht- und Entscheidungspositionen einherging. Welche Machtpotentiale standen Männern und Frauen anfänglich im Aufbau der Gesellschaft zur Verfügung? Emotional und arbeitsteilig sind die Geschlechter bzw. alle Mitglieder der familialen Gemeinschaft aneinander gebunden, was prinzipiell auf Gleichheit und Reziprozität ausgerichtete moralische Beziehungen verweist und diese quasi unumgänglich macht. Diese relative Gleichheit im Innenverhältnis, wo alle im eigenen Überlebensinteresse die Interessen der anderen berücksichtigen müssen, spiegelt sich aber nicht im Außenverhältnis wider. Die übergreifende Gesellschaft ist über Macht organisiert, und diese wird primär von Männern prozessiert. Im Falle von Konflikten mit Außenstehenden fällt für Dux die Schutzpflicht den Männern zu, was Frauen bezüglich der Verteidigung ihrer Interessen bereits in eine gewisse moderate Abhängigkeit geraten lässt. In pristinen Gesellschaften sind bei Auseinandersetzungen die Körperstärke und daran gebundene Fähigkeiten und Fertigkeiten von ausschlaggebender Bedeutung; im Vergleich zu den Frauen können Männer hier aufgrund physiologischer Gegebenheiten ein größeres Machtpotential einbringen. Dux legt aber Wert auf die Feststellung, dass die physiologischen Unterschiede nicht bereits soziokulturelle Formen fixieren; es geht ausschließlich um deren Rolle im gesellschaftlichen Bildungsprozess. Naturale Unterschiede stehen unter dem Imperativ gesellschaftlicher Organisation, und erst dadurch, dass der Einsatz von Brachialgewalt als sozialer Mechanismus in der pristinen Machtverfassung bedeutsam wird, geht das höhere Aggressionspotential der Männer kulturell in Führung. Eine biologistische Begründung der sozialen Ungleichheit im Verhältnis der Geschlechter wird damit zurückgewiesen.

Dux zufolge durchsetzt die gesellschaftliche Machtverfassung in der bereits angesprochenen historischen Weiterentwicklung der Organisationsformen zunehmend das Geschlechterverhältnis, auch wenn Liebe und Moralität den Machtfaktor im Innenverhältnis der Geschlechter in gewissem Rahmen depotenzieren (GS 10, S. 58 f.). So wächst mit der Eigentumsverfassung die Bedeutung des öffentlichen Raums und die Positionierung sowie Interessenvertretung der familialen Primärgruppe in diesem Raum. In der Folge werden Frauen sukzessive in den familialen Innenbereich und damit aus der Öffentlichkeit gedrängt. Zudem wirkt sich die Machtposition des Mannes in der Außenzuständigkeit auch innerfamilial durch die Verfügungsgewalt über die Töchter aus, die zum Tauschobjekt zwischen Familiengruppen und Stämmen werden (vgl. Lévi-Strauss 1981). Die Ungleichheit der Geschlechter steigert sich bis hin zur griechischen Polis, wo Frauen, bezogen auf öffentliche Rollen, unsichtbar und machtlos geworden sind. Die sozial nachgeordnete Rolle der Frauen ist aber kein Menetekel der Geschichte, kein ewiges Schicksal, sondern sie speist sich immer aus konkreten Bedingungslagen. So hält Dux (GS 10, S. 335) explizit fest, dass mit dem Aufkommen industrieller Gesellschaften, staatlicher Institutionen und der wachsenden Reflexivität auf die Machtverfassung die Grundlagen der Innen-Außen-Dimensionierung der Geschlechterrollen mit dem Ausschluss der Frauen aus der Öffentlichkeit erodieren und sich die Ungleichheitsfrage unter den veränderten Bedingungen neu stellt.

Abgesehen von der Ungleichheitsfrage hat sich für Dux (GS 1, S. 184 ff.; GS 9, S. 115 ff., 199 ff.) das humane Geschlechterverhältnis im anlaufenden Enkulturationsprozess konstruktiv aus der anthropologischen Konstellation heraus entwickelt. Zentral ist dabei seine Institutionalisierung in Form der familialen Geschlechterbeziehung. Argumentativer Ausgangspunkt der Rekonstruktion ihrer Genese ist, vor dem Hintergrund der anthropologischen Konstellation, der ontogenetische Prozess und der Zwang, Handlungskompetenz und Denken unter der Voraussetzung gegebener societärer Gruppen auszubilden. Evolutionär gesehen entwickelt sich Dux zufolge in der Mutter-Kind-Interaktion über lange Zeit-räume hinweg sowohl das Fürsorgeverhalten der Mutter als konstruktive geistige Kompetenz als auch auf seiten des Kindes eine spezifisch soziale Bedürftig-keit als Grundlage für den konstruktiven Kompetenzerwerb. Dieser dichte Inter-aktionsprozess, in welchem biologische und geistige, naturale und kulturelle Entwicklungen zusammenfallen, ist der Ausgangspunkt für die Ausbildung von Intimität als die Verschränkung zweier Körperzonen: „Der Begriff der Intimi-tät hält fest, dass die Lebensführung in der Körperzone eines anderen erfolgt und in ihr auch die notwendigen Gratifikationen erfährt" (GS 1, S. 188; siehe auch GS 9, S. 34 ff.). Von zentraler Bedeutung ist dabei, dass in diesem intimen Ver-hältnis zur primären Bezugsperson zusätzlich ein Vertrauen in die eigenen sich entwickelnden Kompetenzen der Lebensführung (Handeln, Denken, Sprache) aufgebaut und anerkannt wird. Für Dux wird dieses Bedürfnis nach Anerkennung später auf einem veränderten psychosozialen Niveau im Rahmen einer neuen Form intimer Beziehung, der Geschlechterbeziehung, reorganisiert. Nicht die erwachende Sexualität ist demnach der eigentliche Grund für sie, sondern die Zusammenführung von Intimität und Sexualität (GS 9, S. 49 ff.). Für Dux liegen die Gründe für die familiale Einbindung des Mannes und sein Fürsorgeverhalten für die Familie als evolutive Novität in der Primatenlinie mithin in diesem dauer-haften Bedürfnis nach Intimität, welches sich nicht rein biologisch fassen lässt. Vielmehr ist für ihn auch das humane Geschlechterverhältnis eine Folge der konstruktiven Autonomie und zeichnet als geistig-kulturelle Lebensform die menschliche Daseinsweise aus. Die naturale Basis, etwa der körperlich-geschlecht-liche Reifungsprozess, bringt sich wohl in die Entwicklung ein, prädeterminiert aber nicht die Form des Auslebens; eine reduktionistische Erklärung des familialen Geschlechterverhältnisses, wie immer auch dieses historisch gestaltet gewesen sein mag, aus rein organischen Vorgaben greift daher zu kurz.

## 3.4  Kapitalismus, Soziale Gerechtigkeit, Demokratie

Günter Dux hat sich in den 2000er Jahren verstärkt der Gegenwartsfragen moderner Gesellschaft angenommen, wobei auch diese historisch-genetisch ein-gebunden werden. Auf der gesellschaftstheoretischen Ebene ist zunächst festzu-halten, dass in der „historisch-genetischen Theorie der Kultur" (GS 2) erstmals auch das Theorem „systemischer Differenzierung" formuliert wurde – mit der expliziten Benennung dreier Subsysteme der Gesellschaft: Ökonomie, Politik und Kultur. Sein systemisches Verständnis setzt dabei an der Vernetzung von handelnden und kommunizierenden Akteuren an (vgl. GS 2, S. 67). Während sich im Prozess der Ausdifferenzierung die Kultur von kosmologisch-teleologischen Bindungen löst und reflexiv wird, differenziert sich die Ökonomie über die Selbstorganisation von Märkten aus und wird selbstreferenziell. Das politische System entkoppelt sich von religiösen Institutionen, wird nationalstaatlich organisiert und Gegenstand politischer Gestaltung. Genau genommen „haben ökonomisches und politisches System ihrerseits das kulturelle System zur Voraussetzung. Es ist in einem strikten Sinn Bedingung der Möglichkeit für sie" (GS 5, S. 258). Das ökonomische System der Gesellschaft wird als das gesellschaftsbegründende, das politische System demgegenüber als das gesellschaftsgestaltende benannt (GS 11, 12).

Die empirisch handelnden Akteure haben für die Erklärung des Bildungsprozesses der Elemente im System der Gesellschaft, von Handlungen und Kommunikationen, einen konstitutiven Stellenwert in der historisch-genetischen Theorie, aber die Gesellschaft „besteht" nicht aus diesen. Inklusion und Integration in die Systeme beruhen auf der anthropologischen Nötigung, sich erst (aktiv) in die Gesellschaft integrieren zu müssen. Subjekte werden deshalb systematisch in die Grenze der Gesellschaft gestellt (vgl. GS 13).

In der feudalen Agrargesellschaft war die Integration der Subjekte durch die ständische Zuweisung reguliert, was sich unter den Bedingungen einer systemisch differenzierten Moderne ändert. Da in der Marktgesellschaft der Moderne das Netzwerk durch den funktional auf Kapitalakkumulation und Gewinnmaximierung ausgerichteten Markt gebildet wird (GS 5, S. 255), sind die Subjekte genötigt, sich über diesen in die Gesellschaft zu integrieren. Aber weil der Markt zugleich Medium für die Durchsetzung von Unternehmerinteressen ist und auch Bedürfnisse (der „modus operandi" des ökonomischen Systems) ihrerseits abhängig vom Interesse der Kapitalakkumulation sind, ergibt sich dessen nur mangelhafte Inklusionskapazität: inkludiert werden nur jene, deren Inklusion Gewinn verspricht (vgl. GS 12, S. 4 ff.). Insofern die ökonomische Inklusion aber Voraussetzung für die Integration der Subjekte in die Gesellschaft der Moderne ist, erweist sich die Marktgesellschaft für die Vielen, die in ihrer langen und krisenhaften Geschichte sich nicht zu inkludieren vermochten, oder doch nur zu weit suboptimalen Bedingungen, als „Verhängnis" (ebda, S. 25 ff., 65 ff.). Daran knüpft das Duxsche Interesse an sozialer Gerechtigkeit an.

In zwei Büchern (GS 12, 13) hat er eine genuin soziologische Bestimmung sozialer Gerechtigkeit vorgeschlagen. Gerechtigkeit meint demnach „allen die Möglichkeit zu geben, sich so in die Gesellschaft zu integrieren, dass sie an den ökonomischen und kulturellen Errungenschaften der Gesellschaft einen hinreichenden Anteil haben" (GS 12, S. 9). Dux' Argumentation ist darauf gerichtet, den Entwicklungsprozess der Marktgesellschaft und mit diesem die Genese des

Postulats sozialer Gerechtigkeit als historisches Konstrukt nachzuzeichnen, welches nur vor dem Hintergrund einer langen, zunehmend reflexiv verarbeiteten Macht- und Herrschaftsgeschichte verständlich wird. Die Forderung nach sozialer Gerechtigkeit wird als Resultat eines sozialstrukturellen und kognitiven Prozesses verstanden und über das Problem der Exklusion/Inklusion, die das ökonomische System gerade nicht zu leisten vermag, systematisch als an das politische System adressierte Interesse an allgemeiner Inklusion entwickelt. Was diese Bestimmung sozialer Gerechtigkeit von philosophischen Begründungen radikal abgrenzt, ist, dass sie empirisch und genetisch gewonnen wird. Günter Dux macht ernst mit dem Verdikt eines moralischen a priori in Gerechtigkeitsfragen, für das es – aus Sicht seiner erkenntniskritischen Gesellschaftstheorie – in der modernen, systemisch ausdifferenzierten Gesellschaft keinen Anhalt mehr gibt, da sowohl das politische als auch das ökonomische System strukturell amoralisch operieren. Es gelte aber aus der Organisationsfalle des Systems der Marktgesellschaft heraus zu kommen. Daran setzt die normative Dimension des Problems der Gerechtigkeit in der Gegenwart an: „damit Gerechtigkeit in der Gesellschaft als normativ verpflichtend gilt, ist es erforderlich, dass sie als geltend sollend eingefordert wird" (GS 13, S. 328).

In der Untersuchung von 2008 (GS 12) wird einerseits der historische Lernprozess, der zur Forderung nach sozialer Gerechtigkeit für Alle führte, seit der Französischen Revolution bis hin zum gegenwärtigen – wie Dux sagt – „Scheitern des Sozialstaats in der Bundesrepublik" empirisch rekonstruiert. Dieser war seit seiner Konstituierung im Sinne des Integrationserfordernisses mit dem Programm eines Autonomiegewinns der Subjekte befasst. Diese Zielorientierung sieht er jedoch in Deutschland wie auch anderswo in Europa durch einen anwachsenden Niedriglohnsektor, einen hohen Arbeitslosigkeitssockel und dem Abbau sozialstaatlicher Leistungen bedroht. Indikatoren für das Scheitern dieses politischen Projekts sind die um sich greifende Armut und Verelendung der Unterschicht und für immer mehr Menschen der Verlust eines sinnbestimmten Lebens.

Andererseits nimmt Dux auch hier seine Theorie zur Macht als dem eigentlichen Movens der Geschichte wieder auf (vgl. insbes. GS 13). Die historischen Texte werden in ihrem jeweiligen historischen Kontext sowie dem jeweiligen Reflexivitätsniveau, welches die Sozialorganisation der Zeit erlaubte, rekonstruiert und lassen so den sozial- und geistesgeschichtlichen Prozess verständlich werden, in dem sich das (moderne) Postulat der sozialen Gerechtigkeit auszubilden vermochte. Dieser Prozess ist nicht zuletzt eine lange Geschichte der Herrschaft, gegen die immer wieder Potenziale der Selbstbehauptung im Medium der Macht mobilisiert worden sind. War für die Ausbildung eines liberalen Gerechtigkeitsdenkens das Interesse des Bürgertums eine treibende Kraft, so ist die erste soziale Trägerschicht, die den Widerspruch zwischen der ökonomisch begründeten gesellschaftlichen Verfassung und der konstruktiven Gestaltbarkeit derselben im Sinne von Freiheit, Selbstbestimmung und sozialer Gerechtigkeit politisch einbringt, das sich in der zweiten Hälfte des 19.Jhdts. organisierende Proletariat.

Soziale Gerechtigkeit beinhaltet demnach die Möglichkeit für alle Menschen, soweit in die Gesellschaft integriert zu werden, dass sie an den jeweiligen historisch gegebenen ökonomischen und kulturellen Errungenschaften einen hinreichenden, d. h. angemessenen Anteil haben. In diesem „Postulat der Gerechtigkeit" wird also einerseits „der Widerspruch festgehalten, der sich zwischen der Selbstbestimmung der Lebensführung der Subjekte und der systemischen Logik der Ökonomie in der Marktgesellschaft ausgebildet hat" (GS 12, S. 259), und andererseits, dass die Forderung und der Anspruch auf soziale Gerechtigkeit an das politische System herangetragen werden müsse.

Die Verwirklichung einer Demokratie, wie Dux sie versteht, wäre erst mit der politischen Durchsetzung sozialer Gerechtigkeit gegeben. Das bedeutet letztlich: „Demokratie und Gerechtigkeit sind ihrer materialen Zielvorgabe nach identisch" (Dux 2012, S. 41). Bereits damit zeichnet sich ab, dass er sich mit dem formalen Verständnis der Demokratie der politischen Theorie nicht begnügt, sie vielmehr an die anthropologische Dimension der humanen Lebensform, deren konstruktivem Gestaltungspotential und dem Interesse, ein selbstbestimmtes und sinnorientierten Leben zu führen, gebunden halten will. Bereits in den Gerechtigkeitsbüchern führt er zu deren Begründung deshalb ein „säkulares Apriori" der humanen Lebensform ein: „Da es die Eigenart dieser Lebensform ausmacht, sich historisch zu entwickeln, werden auch die historischen Bedingungen, unter denen die Integration in die Gesellschaft erfolgen muss, von dem Apriori der Lebensform umfasst. Eben darauf gründet der Anspruch derer, die Gerechtigkeit einfordern. Er hat das Apriori der Lebensform des Menschen für sich" (GS 12, S. 318).

Die Methode der historischen Rekonstruktion der Idee der Demokratie sowie deren partieller Umsetzung aus den jeweiligen historischen sozialen Bedingungen wird auch in diesem Band konsequent durchgehalten. Ausgehend von der grundsätzlichen Prämisse der historisch-genetischen Theorie, dass es „in der säkular gewordenen Welt keinen anderen Maßstab als die humane Lebensform" gibt (GS 11, S. 289) und diese also auch das Fundament der Demokratie sein müsse, führt der rekonstruktive Pfad zunächst in eine ausführliche Auseinandersetzung mit der athenischen Demokratie, den sozialstrukturellen Bedingungen die sie ermöglicht hatten, ihrer Bedeutung sowie ihren Grenzen und ihrem Scheitern (ebda, S. 109 ff.). Der nächste große Schritt in der Rekonstruktion ist dann der Genese der bürgerlichen Demokratie in der französischen Revolution mit der Konstituierung der Nationalversammlung gewidmet; aber hier ebenso deren Scheitern, ihrem Einmünden in die Periode des „Terreur" und schließlich in die Diktatur Napoleons. Was beide Ausformungen von Demokratie, bei aller fundamentalen Divergenz, verbindet ist „zum einen die Manifestation des Bewußtseins, konstruktiv die gesellschaftlichen Bedingungen einer selbstbestimmten Lebensführung der Subjekte allererst schaffen zu müssen, aber auch schaffen zu können" (ebda, S. 135).

Die für die weitere Entwicklung hin zur formalen Demokratie treibende Kraft war überall in Europa das Bürgertum. Zum einen weil sich erst mit der Ausbildung der Markgesellschaft ein allgemeines Bewusstsein des konstruktiven Potenzials der empirischen Subjekte durchgesetzt habe, zum anderen, weil das Bürgertum ein starkes Interesse an demokratischer Selbstbestimmung, vor allem für sich selbst, hatte. Entsprechend verstand „der Liberalismus des Bürgertums (…) die politischen Rechte als Vorrechte von Menschen, die sich durch Besitz und Bildung auszeichneten" (ebda, S. 183). Im Verlauf der 19. Jahrhunderts formierten sich aber allerorts, gegen alle politischen Widerstände, Gewerkschaften und Parteien der Arbeiterschaft, jener gesellschaftlichen Klasse also, für die die Durchsetzung der kapitalistischen Marktgesellschaft zum Verhängnis geworden war. Es sei, wenn auch überwiegend erst nach 1918, sie gewesen, die der Demokratie zum Durchbruch verholfen habe. (ebda, S. 188 ff.) Aber das politische Interesse des Proletariats an seiner Selbstbestimmung habe sich erneut an der Machtverfassung der Marktgesellschaft gebrochen, denn trotz der Institutionalisierung sozialstaatlicher Strukturen in den 1920er Jahren und trotz der Expansion der unterschiedlichen Wohlfahrtsstaatsregime v. a. zwischen den 1950er und 1970er Jahren habe sich am strukturellen Widerspruch von ökonomischem und politischem System nichts geändert:

> „Der doppelte Widerspruch, der sich mit der Marktgesellschaft ausgebildet hat, der innersystemische Konflikt zwischen dem politischen und dem ökonomischen System und der Konflikt zwischen dem partiellen Interesse des Kapitals und der Allgemeinheit, findet seinen Niederschlag in der inneren Verfasstheit des politischen Systems. Das sieht sich als ein zum ökonomischen System komplementäres System von den Anforderungen bestimmt, für das ökonomische System diejenigen Funktions- und Bestandsvoraussetzungen zu schaffen, die vom ökonomischen System als ein über den Markt gebildetes System nicht geschaffen werden können" (ebda, S. 163).

Ohne hier neuerlich auf das von Dux konstatierte „Scheitern des Sozialstaats" eingehen zu müssen, seine gesellschaftspolitische Kritik wird im Demokratiebuch weitergetrieben, wenn er von der „Aufkündigung der Idee der Demokratie" (ebda, S. 213 ff.) im Kontext des sich seit den 1980er Jahren abzeichnenden globalen neoliberalen Regimes spricht, dem neuerlichen Erstarken der Dominanz der marktgesellschaftlichen Logik. Er hält an seinem, im säkularen Apriori der menschlichen Lebensform fundierten Verständnis der Demokratie fest, denn dieses „steht quer zu der Versicherung, diese Gesellschaft sei und könne nicht anders sein als die, die sich mit der kapitalistischen Marktgesellschaft gebildet habe" (Dux 2012, S. 42). Konsequent endet das Demokratiebuch mit einem Plädoyer für eine andere Gesellschaft.

# Zum Schluss: ein paar systematische Bemerkungen

**4**

Nachdem die wesentlichen empirischen, theoretischen und methodologischen Grundlagen sowie die Argumentationsstrategie von Günter Dux vorgestellt worden sind soll abschließend noch kurz auf die Systematik hinter der Reihung der Bände in den Gesammelten Schriften eingegangen werden sowie auf die Frage „wie weiter?".

Die Bücher sind nicht in derselben Reihenfolge erschienen wie es die Nummerierung der Bände vermuten lässt. Dass das 2017 erstmalig erschienene Buch „Die Evolution der humanen Lebensform als geistige Lebensform" als Band 1 gereiht wurde, dokumentiert die Bedeutung, die der Autor seinen begrifflichen Neubestimmungen und empirischen Aktualisierungen sowie dem explizit evolutionstheoretischen Rahmen beimisst. Man tut daher gut daran, die älteren Texte im Lichte dieses Bandes neu zu lesen und manche Ausführungen vor dem Hintergrund des Evolutionsbuchs zu reinterpretieren. 2019 schließlich ist das Buch „Historisch-genetische Theorie der Gesellschaft. Macht – Herrschaft – Gerechtigkeit" publiziert worden, mit welchem Günter Dux sein Theorieprojekt zu Ende bringt, wenngleich er meint, er habe „mit dem Aufweis der beiden Logiken nur erst einen dünnen Faden durch sie (die Geschichte der Lebensformen – Anm.) gezogen" (Dux et al. 2019, S. 159). Nicht Alles ist neu darin, es geht hier auch nicht so sehr um Neubestimmungen, obwohl durchaus Einiges – insbesondere die Bestimmung der strukturell sich voneinander unterscheidenden historischen Organisationsformen von Gesellschaft als „Epochen der Säkularisierung" – präzisiert und schärfer gefasst wird. Es werden dabei einerseits die für die Theorie in ihrer Gesamtheit zentralen Kategorien, wie insbesondere Macht und Herrschaft, neuerlich in den Vordergrund gestellt, andererseits rekurriert Günter Dux in diesem Band auf sein wohl bedeutsamstes auch gesellschaftskritisches Ansinnen, das Postulat der Gerechtigkeit, das eng mit seinem


G. Bohmann und H.-J. Niedenzu, *Historisch-Genetische Theorie,* essentials, https://doi.org/10.1007/978-3-658-31495-8_4

43

materialen Verständnis von Demokratie verbunden ist. Man wird darüber streiten können, ob und inwieweit er seinem Anspruch an einen methodologischen Positivismus soziologischer Theorie treu geblieben ist, oder er sich in seinem Spätwerk doch stärker der „Möglichkeitsform" (GS 12), d. h. der normativen Dimension der Gesellschaftsgestaltung verpflichtet gesehen hat. Sein gesellschaftstheoretisches Anliegen, ein säkulares Verständnis der Gesellschaft über historisch-genetische Rekonstruktion und systematische Erkenntniskritik zu gewinnen, steht mit seinem nicht minder säkularen Begriff der Aufklärung in Einklang. Deren Vollendung versteht Dux als Aufgabe der Soziologie und für diese gebe es noch mehr als genug zu tun.

# Was Sie aus diesem *essential* mitnehmen können

- Die historisch-genetische Theorie ist eine am historischen und gegenwärtigen sozialen Wandel orientierte Gesellschaftstheorie
- Sie ist eine an rezenten natur- und humanwissenschaftlichen Befunden anknüpfende prozessuale Theorie der sozialen Evolution
- Sie ist eine dezidiert nicht-metaphysische, nicht-deterministische, in einem strikten Sinne säkulare soziologische Theorie, die von einem Primat der gesellschaftlichen Akteure ausgeht und diese in systemische Zusammenhänge einbindet

# Literatur

## A: Günter Dux – Gesammelte Schriften (GS 1–GS 13)


(GS 1)    Dux, Günter. 2017. *Die Evolution der humanen Lebensform als geistige Lebensform. Handeln – Denken – Sprechen.* Wiesbaden: Springer VS.

(GS 2)    Dux, Günter. [4]2017 [2000]. *Historisch-genetische Theorie der Kultur. Instabile Welten – Zur Prozessualen Logik im kulturellen Wandel.* Wiesbaden: Springer VS.

(GS 3)    Dux, Günter. [4]2017 [1982]. *Die Logik der Weltbilder. Sinnstrukturen im Wandel der Geschichte.* Wiesbaden: Springer VS.

(GS 4)    Dux, Günter. [3]2017 [1989]. *Die Zeit in der Geschichte. Ihre Entwicklungslogik vom Mythos zur Weltzeit.* Wiesbaden: Springer VS.

(GS 5)    Dux, Günter. [3]2018 [2004]. *Die Moral in der prozessualen Logik der Moderne. Warum wir sollen, was wir sollen.* Wiesbaden: Springer VS.

(GS 6)    Dux, Günter. 2018. *Die Religion in der säkular verstandenen Welt.* Wiesbaden: Springer VS.

(GS 7)    Dux, Günter. [2]2018 [1976]. *Strukturwandel der Legitimation – Das Ende absoluter Werte.* Wiesbaden: Springer VS.

(GS 8)    Dux, Günter. 2018. *Die Logik in der Geschichte des Geistes. Der Prozess der Säkularisierung.* Wiesbaden: Springer VS.

(GS 9)    Dux, Günter. [2]2019 [1994]. *Geschlecht und Gesellschaft – Warum wir lieben. Die romantische Liebe nach dem Verlust der Welt.* Wiesbaden: Springer VS.

(GS 10)    Dux, Günter. [2]2019 [1992]. *Die Spur der Macht im Verhältnis der Geschlechter. Über den Ursprung der Ungleichheit zwischen Frau und Mann.* Wiesbaden: Springer: VS.

(GS 11)    Dux, Günter. [2]2019 [2013]. *Demokratie als Lebensform. Die Welt in der Krise des Kapitalismus.* Wiesbaden: Springer VS.

(GS 12)    Dux, Günter. [2]2019 [2008]. *Warum denn Gerechtigkeit – Die Logik des Kapitals. Die Politik im Widerstreit mit der Ökonomie.* Wiesbaden: Springer VS.

(GS 13)    Dux, Günter. 2019. *Historisch-genetische Theorie der Gesellschaft. Macht – Herrschaft – Gerechtigkeit.* Wiesbaden: Springer VS.

## B: Sonstige Literatur

Berger, Peter L., und Thomas Luckmann. 1969. *Die gesellschaftliche Konstruktion der Wirklichkeit. Eine Theorie der Wissenssoziologie*. Frankfurt/Main: Fischer.

Bohmann, Gerda. 2005. Verstehen eines fremden Weltbildes durch Rekonstruktion: das Beispiel des radikalen Islamismus.. In *Kulturen vergleichen. Sozial- und kulturwissenschaftliche Grundlagen und Kontroversen*, hrsg. Joachim Renn, Ilja Srubar, Ulrich Wenzel, 386–416. Opladen: Westdeutscher Verlag.

Bohmann, Gerda. 2014. Wiederkehr der Religionen, postsäkulare Gesellschaft, oder doch weitergehende Säkularisierung? Widerspruch zu einem gängigen Diskurs. In *Systemzwang und Akteurswissen. Theorie und Empirie von Autonomiegewinnen*, hrsg. Thilo Fehmel, Stephan Lessenich, Jenny Preunkert, 53–80. Frankfurt/Main: Campus.

Bohmann, Gerda, und Heinz-Jürgen Niedenzu. 2012. Markt-Inklusion-Gerechtigkeit. *Österreichische Zeitschrift für Soziologie* (ÖZS) 37 (11): 3–21.

Bohmann, Gerda, und Heinz-Jürgen Niedenzu. 2013. Die historisch-genetische Theorie wird 40 und ihr Autor 80. Zum Geburtstag von Günter Dux. *Soziologie. Mitteilungsblatt der Deutschen Gesellschaft für Soziologie* (DGS) 42 (3): 341–346.

Bohmann, Gerda, und Heinz-Jürgen Niedenzu. 2019. Die Evolution der humanen Lebensform im systemischen und säkularen Verständnis. Eine historisch-genetische Erklärung der Genese ihrer Grundverfasstheit. *Soziologische Revue* 42 (4): 527–538.

Bröckling, Ulrich, und Axel T. Paul (Hrsg.). 2019. *Aufklärung als Aufgabe der Geistes- und Sozialwissenschaften*. Weinheim/Basel: Beltz Juventa.

Butler, Judith et al.. 2011. *The Power of Religion in the Public Sphere*. Edited and Introduced by Eduardo Mendieta and Jonathan Vanantwerpen, Afterword by Craig Calhoun. New York: Columbia University Press.

Casanova, José. 1994. *Public Religions in the Modern World*. The University of Chicago Press.

Dux, Günter. 1972. Anthropologie und Soziologie. Zur Propädeutik gesamtgesellschaftlicher Theorie. Helmuth Plessner zum achtzigsten Geburtstag. *Kölner Zeitschrift für Soziologie und Sozialpsychologie* 24: 425–454.

Dux, Günter. 1973. Ursprung, Funktion und Gehalt der Religion. Thomas Luckmann zugeeignet. *Internationales Jahrbuch für Religionssoziologie*, 8: 7–67. (In GS 6 enthalten).

Dux, Günter. 1990. Denken vom Vorrang der Natur. Die Naturalisierung des Geistes. In *Die Trennung von Natur und Geist*, hrsg. Rüdiger Bubner u. a., 161–180. München: Fink.

Dux, Günter. 1991. Der Konstruktivismus in der historisch-genetischen Theorie der Erkenntnis. Unveröffentlichtes Manuskript.

Dux, Günter. 1994. Die ontogenetische und historische Entwicklung des Geistes, In *Der Prozeß der Geistesgeschichte. Studien zur ontogenetischen und historischen Entwicklung des Geistes*, hrsg. Günter Dux und Ulrich Wenzel, 173–224. Frankfurt/Main.

Dux Günter. 1996. Die Sorge des Subjekts um sich. Seine Not im religiösen und säkularen Dasein. In *Ende der Religion – Religion ohne Ende? Zur Theorie des „Geistesgeschichte" von Günter Dux,* hrsg. Falk Wagner und Michael Murrmann-Kahl, 249–266. Wien: Passagen.

Dux, Günter. 1998. Theorie der Gesellschaft als Theorie der Geschichte. In *Soziologische Theorie und Geschichte*, hrsg. Frank Welz und Uwe Weisenbacher, 34–67. Westdeutscher Verlag: Wiesbaden.

Dux, Günter. 2005. Erkenntniskritik der Religion. Denken, was unabweisbar ist. In *Religion zwischen Rechtfertigung und Kritik. Perspektiven philosophischer Theologie*, hrsg. Christian Danz, Jörg Dieken und Michael Murrmann-Kahl, 31–53. Frankfurt am Main: Peter Lang.

Dux, Günter. 2011. *Historico-genetic Theory of Culture: On the Processual Logic of Cultural Change*. Bielefeld: Transcript.

Dux, Günter. 2012. Gerechtigkeit: Die Wahrheit der Demokratie. In: Markt-Inklusion-Gerechtigkeit. *Österreichische Zeitschrift für Soziologie (ÖZS)* 37 (11): 23–45.

Dux, Günter. 2014. Geistesgeschichte als Gattungsgeschichte. Eine Einleitung in den Band. In *Strukturen des Denkens. Studien zur Geschichte des Geistes*, hrsg. Günter Dux und Jörn Rüsen, 17–34. Wiesbaden: Springer.

Dux, Günter, Ulrich Bröckling, und Axel T. Paul. 2019. Die Logik der Sozialwelt. Günter Dux im Gespräch mit Ulrich Bröckling und Axel T. Paul. In *Aufklärung als Aufgabe der Geistes- und Sozialwissenschaften*, hrsg. Ulrich Bröckling, Axel T. Paul, 125–159. Weinheim/Basel: Beltz Juventa.

Holz, Klaus. 2003. Form und Gegenwart der Religion. Zum Religionsbegriff der historisch-genetischen Theorie. In *Die Entwicklung sozialer Wirklichkeit. Auseinandersetzungen mit der historisch-genetischen Theorie der Gesellschaft*, hrsg. Nikos Psarros, Pirmin Stekeler-Weithofer und Georg Vobruba, 139–157. Weilerswist: Velbrück.

Kohlberg, Lawrence. 1996. *Die Psychologie der Moralentwicklung*. Frankfurt am Main: Suhrkamp.

Lévi-Strauss, Claude. 1981. *Die elementaren Strukturen der Verwandtschaft*. Frankfurt/Main: Suhrkamp.

Niedenzu, Heinz-Jürgen. 2012. *Soziogenese der Normativität. Zur Emergenz eines neuen Modus der Sozialorganisation*. Weilerswist: Velbrück.

Niedenzu, Heinz-Jürgen. 2014. Die Genese der Normativität. Natur und Geist im Bildungsprozess der Normativität. In *Strukturen des Denkens. Studien zur Geschichte des Geistes*, hrsg. Günter Dux und Jörn Rüsen, 35–55. Wiesbaden: Springer.

Norris, Pippa, and Ronald Inglehart. 2004. *Sacred and Secular. Religion and Politics Worldwide*. Cambrigde University Press.

Piaget, Jean. 1932. *Le jugement moral chez l'enfant*. Presses Universitaires de France.

Piaget, Jean. 1974. *Biologie und Erkenntnis. Über die Beziehungen zwischen organischen Regulationen und kognitiven Prozessen*. Frankfurt am Main: Fischer.

Piaget, Jean. 1974a. *Abriß der genetischen Epistemologie*. Olten und Freiburg i. B.: Walter.

Sutter, Tilmann. 1990. *Moral aus der Perspektive der Amoral*. Pfaffenweiler: Centaurus.

Sutter, Tilmann. 1992. Konstruktivismus und Interaktionismus. Zum Problem der Subjekt-Objekt-Differenzierung im genetischen Strukturalismus. *Kölner Zeitschrift für Soziologie und Sozialpsychologie* 44: 419–435.

Vobruba, Georg. 2003. Kritik an der Gesellschaft in der Gesellschaft. S.. In *Die Entwicklung sozialer Wirklichkeit. Auseinandersetzungen mit der historisch-genetischen Theorie der Gesellschaft*, hrsg. Nikos Psarros, Pirmin Stekeler-Weithofer und Georg Vobruba, 201–217. Weilerswist: Velbrück.

Weisenbacher, Uwe. 1993. *Moderne Subjekte zwischen Mythos und Aufklärung. Differenz und offene Rekonstruktion*. Pfaffenweiler: Centaurus.